地域で暮らそう！ 精神障害者の地域移行支援・地域定着支援・自立生活援助導入ガイド

岩上洋一＋全国地域で暮らそうネットワーク：著

金剛出版

はじめに

●街中で車を走らせていると，相談支援専門員と50歳代の男性が一緒に歩いているのを見かけた。入院中は何もしたくない，退院したくないと言っていたが，地域移行支援を利用して退院した。2人は，退院後も2か月に1回，昼食を共にしている。彼は，前日に理容店に散髪に行き身だしなみを整えるようになった。相談支援事業所では，別の相談支援専門員と40歳代の女性が裁縫をしていた。長く医療中断の状況にあったが家族が亡くなったことを契機として入院となった。地域移行支援を利用して退院を目指しているがほとんどしゃべることがない。姉から元気だった頃の話を聞いたところ「裁縫工場で働いていて，とても面倒見がよかった」ということがわかり，相談支援専門員は，なお一層，彼女の回復を信じることができるようになった。今日は，得意だった裁縫にチャレンジしている。

●地域活動支援センターに顔を出すと，利用者の話に熱心に耳を傾けている男性のピアスタッフがいた。彼も5年間入院して13年前に退院した。彼には人を癒す力があり，いつも人の輪ができている。さて，今日の私の昼食は，30年間の入院ののち8年前に退院した男性がつくった幕の内弁当だ。「だいぶ調理の勘が戻ってきたよ。今は生きている感じだね」と笑顔で話している。彼は，入院前の板前の経験を生かして今は弁当づくりの仕事をしている。このように，私のまわりには，地域移行支援を利用して，自分らしい生き方・暮らし方を見つけた人，そして見つけている人たちがたくさんいる。

●私が地域移行支援をはじめたのは2002年に遡る。この間，実践を通して，退院意欲がない人のための「退院意欲の回復プログラム」，家がない人のための「不動産との連携プログラム」，地域にもグループホームでいうところの世話人を配置する「地域世話人制度」，ピアサポートを充実させる「ピアスペシャリスト制度」，その他，「訪問支援」，「相談支援」，「家族支援」の充実を提言してきた。また，官民協働による横断的な仕組みづくりと人材育成にも力を注いできた。2013年に開催された厚生労働省の「障害者の地域生活支援の推進に関する検討会」では，当時，日本精神科病院協会の地域移行推進委員会の委員長であった江原良貴氏と共に「精神障害者の障害特性を考えると介護保険の定期巡回随時対応型訪問介護のような定期的な訪問プラス随時の訪問を臨機応変に組み立てられる支援について検討していただきたい」と発言した。それを契機として，厚生労働省，政治家はじめさまざまな立場の人々が知恵を絞って，障害者総合支援法の新サービス「自立生活援助」を制度化してくれた。

●わが国は，今なお精神科病院に約28万人が入院し，1年以上入院している人が約18万5,000人に上ることを踏まえて，精神障害者が地域の一員として，安心して自分らしい暮らしをすることができるよう，医療，障害福祉，介護，住まい，社会参加，就労，地域の助け合い，教育が包括的に確保された地域包括ケアシステムの構築を目指している。ここ

での連携を通して，今までそれぞれが培ってきた哲学・理念・人材の交流を進めるとともに，各地の好事例を汎化あるいは横展開して，近い将来の良質かつ適切な精神障害者への医療の提供および障害者福祉の充実につなげていきたい。

●一般社団法人全国地域で暮らそうネットワーク（チイクラネット）は，志を同じくする全国の仲間と，精神障害者の地域移行にむけた社会的課題を解決すること，未来の創造のもと，希望する地域で自分らしく生活することができる持続可能な社会づくりに寄与することを目的に創設した。私たちは，制度・政策づくりにコミットするなかで，誰もが自分らしく暮らすことができる社会を引き寄せたいと考えている。そんな，チイクラネットが編集した「チイクラ本」の第一弾『地域で暮らそう！ 精神障害者の地域移行支援・地域定着支援・自立生活援助導入ガイド』が，皆様の日々の実践に役立てば幸いである。

一般社団法人 全国地域で暮らそうネットワーク
代表理事　岩上 洋一

●この本の使い方

●Ⅰ章は，地域移行支援・地域定着支援・自立生活援助の背景として，わが国の精神保健医療福祉政策と「精神障害にも対応した地域包括ケアシステム」について解説しました。これらの事業の背景について深く理解するためにご活用ください。

●Ⅱ章は，「精神障害にも対応した地域包括ケアシステム」のための共有事項として，都道府県・保健所・市町村・精神科医療機関・相談支援事業者などの役割や，相談支援専門員と介護支援専門員，訪問看護師との連携，そしてピアサポートとリカバリーの重要なポイントについて，図表を交えて「ズバリ!!」整理してあります。実践に直結する内容ですので，ご自分の地域の実情に合わせてお読みください。

●Ⅲ章は，地域移行支援・地域定着支援・自立生活援助について，その概要と導入する上での心得について解説しました。

●Ⅳ章は，地域移行支援・地域定着支援・自立生活援助のイメージの共有のため，サービスの活用ポイントがわかる6つの事例を掲載しました。

●その他，明日から使える「Q&A」と「書式例」，心に染み入る「コラム」がありますので，まずは，関心のあるページからご覧ください。

●地域移行支援・地域定着支援・自立生活援助の導入，実践力の強化，チームづくり，人材の育成，「精神障害にも対応した地域包括ケアシステムの構築」と推進にむけて本書をご活用ください。

地域で暮らそう！　精神障害者の地域移行支援・地域定着支援・自立生活援助導入ガイド

［目　次］

はじめに…003
この本の使い方…004

I｜概説
◉地域移行支援・地域定着支援・自立生活援助の背景…007

- **I-1**｜わが国の精神保健医療福祉政策…008
- **I-2**｜精神障害にも対応した地域包括ケアシステム…014

II｜「精神障害にも対応した地域包括ケアシステム」のための共有事項
◉地域移行支援・地域定着支援・自立生活援助を進めるために…025

- **II-1**｜都道府県・保健所の役割…026
- **II-2**｜市町村の役割…028
- **II-3**｜精神科医療機関の役割（1）…030
- **II-4**｜精神科医療機関の役割（2）…032
- **II-5**｜相談支援事業者の役割…034
- **II-6**｜市町村（自立支援）協議会の役割…038
- **II-7**｜基幹相談支援センターと地域生活支援拠点の機能…040
- **II-8**｜相談支援専門員・地域生活支援員と介護支援専門員との連携…042
- **II-9**｜相談支援専門員・地域生活支援員と訪問看護師との連携…044
- **II-10**｜ピアサポート…046

III｜サービスの概要と導入の心得
◉地域移行支援・地域定着支援・自立生活援助…048

- **III-1**｜地域移行支援［サービスの概要］…050
  《地域移行支援》導入の心得…051
- **III-2**｜地域定着支援［サービスの概要］…059
  《地域定着支援》導入の心得…060
- **III-3**｜自立生活援助［サービスの概要］…062
  《自立生活援助》導入の心得…063
- **III-4**｜事務処理要領の読み解き方…072

IV│事例でイメージ！
●地域移行支援・地域定着支援・自立生活援助…075

事例1│地域移行支援●星野一郎さん…076
事例2│自立生活援助➡地域定着支援●星野一郎さん…101
事例3│自立生活援助●山田誠さん…107
事例4│自立生活援助／活用のポイント●田中さくらさん…117
事例5│自立生活援助／活用のポイント●鈴木ひとみさん…120
事例6│自立生活援助／活用のポイント●佐藤美咲さん…124

V│Q&A…129

現場で生じた疑問や課題を解決していくために参照するもの…130
地域相談支援（地域移行支援）について…131
地域相談支援（地域定着支援）について…134
自立生活援助について…136

VI│書式例…139

書式例│地域移行支援計画…140
書式例│自立生活援助計画…142
書式例│クライシスプラン…145

コラム

コラム 意欲喚起…037
コラム 医療観察法について…043
コラム 私の経験…048
コラム 発達障害…058
コラム 「障がいのある人」という言い方…116
コラム 優生保護法と精神科病床数…123
コラム 施設コンフリクト…128

あとがき…146

I

概説

◉地域移行支援・地域定着支援・
自立生活援助の背景

|I-1| わが国の精神保健医療福祉政策

[わが国の精神保健医療福祉政策●精神病者監護法からクラーク勧告]
● 1884（明治27）年に始まった相馬事件などをきっかけとして，1900（明治33）年に制定された「精神病者監護法」が，精神病者の保護に関するわが国で最初の法律である。この法律によって病院等での監置制度が設けられたが，治安を第一義にした社会防衛思想によるもので，私宅監置を法律に位置づけたこと，家族への負担が大きいことが特徴であるなど医療保健の面ではきわめて不十分なものであった。
● 1917（大正6）年の内務省調査で，全国の精神病者総数約6万5,000人のうち約6万人が，私宅監置を含めて医療の枠外にあることが判明したことなどを受けて，1919（大正8）年に精神病院法が公布された。公的責任として公立精神病院を設置する考えが初めて明らかになった。しかし，実際の建設は予算不足で進まず，精神病者監護法も廃止されなかったことで私宅監置が依然として続けられていた。
● 戦後，新憲法の成立を受けて，精神障害者に対して適切な医療の機会を提供するため1950（昭和25）年に精神衛生法を公布施行した。この際，精神病者監護法と精神病院法は廃止され，都道府県に対する精神科病院の設置義務付けや指定入院制度の創設を行い，それ以降，精神科病院への入院を中心とした処遇を進めてきた。
● 1954（昭和29）年7月の精神衛生実態調査で精神障害者の全国推定数130万人のうち要入院者は35万人であり，当時の病床がその10分の1にも満たないことが判明した。これを受けて，1954年の法改正では非営利法人が設置する精神病院の設置および運営に要する経費に対して国庫補助の規定が設けられた。このことで精神病院の設立ブームがおこり，1960（昭和35）年には約8万5,000床に達した。
● 1963（昭和38）年の精神衛生実態調査を受けて，発生予防から治療，社会復帰までの一貫した施策を内容とする精神衛生法の全面改正を検討した。しかし，1964（昭和39）年3月にアメリカ合衆国のライシャワー駐日大使が精神分裂病（当時）の少年に刺されて負傷するという，いわゆる「ライシャワー事件」が発生したため，1965（昭和40）年の法改正では，社会防衛の考え方が再び強まり，社会復帰施策を展開することができなかった。
● 1967（昭和42年）年，政府は，英国の精神科病院改革で実績のあるデーヴィッド・H・クラーク博士を招聘した。3か月の精力的な視察を経て，クラーク博士は1968（昭和43）年5月30日，日本政府に対して地域精神医療の推進を勧告する報告書，いわゆる「クラーク勧告」を提出した。クラーク勧告には，長期在院患者の増大は警告すべき状況にあり，積極的な治療とリハビリテーション，地域生活支援の充実の必要性なども含まれていた。しかし，政府はこの勧告を受け入れることなく，精神病床数を急速に増加させて入院中心の医療体制に邁進することになった。

[わが国の精神保健医療福祉政策●精神保健医療福祉の改革ビジョンから大臣指針]

● 1984（昭和59）年に起きた精神科病院の人権侵害事件を契機として、精神衛生法には国内外から強い改正への要請があり、1987（昭和62）年9月、精神衛生法は、精神障害者の人権擁護、適正な医療と保護の確保および社会復帰の促進を主眼として、任意入院制度の創設や精神医療審査会の創設等を含む改正が行われ、名称も精神保健法となった。

近年の精神保健医療福祉施策年表

年月	内容
2002（平成14）年12月	社会保障審議会障害者部会精神障害分会報告書「今後の精神保健医療福祉施策について」
2003（平成15）年5月	精神保健福祉対策本部中間報告「精神保健福祉の改革に向けた今後の対策の方向」
2004（平成16）年9月	厚生労働省精神保健福祉対策本部報告「精神保健医療福祉の改革ビジョン」
2005（平成17）年11月	障害者自立支援法（2006年4月施行）
2005（平成17）年11月	精神保健福祉法改正
2009（平成21）年9月	厚生労働省今後の精神保健医療福祉のあり方等に関する検討会報告書「精神保健医療福祉の更なる改革に向けて」
2010（平成22）年1月	内閣府「障がい者制度改革推進会議」
2010（平成22）年4月	厚生労働省「障がい者制度改革推進会議総合福祉部会」
2010（平成22）年5月	厚生労働省「新たな地域精神保健医療体制の構築に向けた検討チーム」
2011（平成23）年6月	障害者虐待防止法（2012年10月施行）
2011（平成23）年8月	障害者基本法改正
2012（平成24）年6月	障害者総合支援法改正（2013年4月施行）
2013（平成25）年6月	障害者雇用促進法改正（2016年4月施行・一部2018年4月施行）
2013（平成25）年6月	精神保健福祉法改正（2014年4月施行）
2013（平成25）年6月	障害者差別解消法（2016年4月施行）
2013（平成25）年10月	厚生労働省「障害者の地域生活の推進に関する議論の整理」
2014（平成26）年3月	厚生労働省「良質かつ適切な精神障害者に対する医療の提供を確保するための指針」
2014（平成26）年7月	厚生労働省「長期入院精神障害者の地域移行に向けた具体的方策の今後の方向性」とりまとめ
2015（平成27）年12月	障害者権利条約批准
2015（平成27）年12月	厚生労働省「障害者総合支援法施行3年後の見直しについて」（社会保障審議会障害者部会報告書）
2016年（平成28）6月	障害者総合支援法改正（2018年4月施行）
2017（平成29）年2月	厚生労働省「これからの精神保健医療福祉のあり方に関する検討会報告書」

● 1993（平成5）年の障害者基本法の成立（障害者の範囲に精神障害者を明確に位置づけた），1995（平成7）年の精神保健及び精神障害者福祉に関する法律（「精神保健法」を「精神保健及び精神障害者福祉に関する法律」に名称変更）の改正を経て，施設処遇中心から地域移行への方向転換を図った。その成果が十分ではないことから，精神保健医療福祉施策全般の充実向上を図ることが重要であるとして，2002（平成14）年12月，社会保障審議会障害者部会精神障害分会は，報告書「今後の精神保健医療福祉施策について」を示した。同日，厚生労働大臣を本部長とする精神保健福祉対策本部を設置した。

● 2003（平成15）年5月，精神保健福祉対策本部は中間報告を発表したうえで，「普及啓発」「精神医療改革」「地域生活の支援」に関する3つの検討会を設置した。2004（平成16）年9月，この3検討会の報告を踏まえて，精神保健医療福祉の見直しに係る今後の具体的な方向性を明らかにするため，「精神保健医療福祉の改革ビジョン」を提示した。

●「入院医療中心から地域生活中心へ」を基本指針として，国民各層の意識の変革や，立ち後れた精神保健医療福祉体系の再編と基盤強化を今後10年間で進め，併せて「受入条件が整えば退院可能な者（約7万人）」についても10年後の解消を目標とした。

● 2009（平成21）年9月，「精神保健医療福祉の改革ビジョン」の後期5か年（2009（平成21）年9月以降）の重点施策群の策定に向けて，「精神保健医療福祉の更なる改革に向けて」（今後の精神保健医療福祉のあり方等に関する検討会報告書）を提示した。「地域を拠点とする共生社会の実現」に向けて，「入院医療中心から地域生活中心へ」という基本

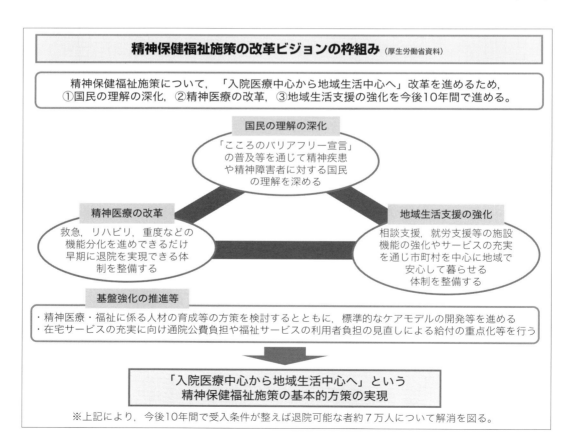

理念に基づく施策の立案・実施をさらに加速させることを目指すものであった。

● 2014（平成26）年4月，精神保健及び精神障害者福祉に関する法律の一部を改正する法律の施行に伴い，第41条第1項の規定に基づき，良質かつ適切な精神障害者に対する医療の提供を確保するための指針を定めた。入院医療中心の精神医療から地域生活を支えるための精神医療の実現に向け，精神障害者に対する保健医療福祉にたずさわる全ての関

「精神保健医療福祉の更なる改革に向けて」概要 (厚生労働省資料)

「今後の精神保健医療福祉のあり方等に関する検討会」報告書（座長：樋口輝彦（国立精神・神経センター））

「精神保健医療福祉の改革ビジョン」（平成16年9月から概ね10年間）の中間点において，後期5か年の重点施策群の策定に向け，有識者による検討をとりまとめ［平成21年9月］

◎ 精神疾患による，生活の質の低下や社会経済的損失は甚大。
◎ 精神障害者の地域生活を支える医療・福祉等の支援体制が不十分。
◎ 依然として多くの統合失調症による長期入院患者が存在。これは，入院医療中心の施策の結果であることを，行政を含め関係者が反省。

● 「改革ビジョン」の「入院医療中心から地域生活中心へ」という基本理念の推進
● 精神疾患にかかった場合でも
　・質の高い医療
　・症状・希望等に応じた，適切な医療・福祉サービスを受け，地域で安心して自立した生活を継続できる社会
● 精神保健医療福祉の改革を更に加速

精神保健医療体系の再構築
● 地域医療の拡充，入院医療の急性期への重点化など医療体制の再編・拡充

精神医療の質の向上
● 薬物療法，心理社会的療法など，個々の患者に提供される医療の質の向上
● 人員の充実等による医療の質の向上

地域生活支援体制の強化
● 地域生活を支える障害福祉サービス，ケアマネジメント，救急・在宅医療等の充実，住まいの場の確保

普及啓発の重点的実施
● 患者が早期に支援を受けられ，精神障害者が地域の住民として暮らしていけるような，精神障害に関する正しい理解の推進

目標値
● 統合失調症入院患者数を15万人に減少〈H26〉
● 入院患者の退院率等に関する目標を継続し，精神病床約7万床の減少を促進。
● 施策推進への精神障害者・家族の参画

地域を拠点とする共生社会の実現

係者が目指すべき方向性を定めた。入院期間が1年未満で退院できるよう，質の高い医療を提供し退院支援等の取り組みを推進するとともに，1年以上の長期入院者の地域移行を推進するため，多職種による退院促進に向けた取り組みを推進することとした。

● 2014（平成26）年7月，長期入院精神障害者の地域移行に向けた具体的方策の今後の方

良質かつ適切な精神障害者に対する医療の提供を確保するための指針（概要）

厚生労働省資料（厚生労働省告示第65号（平成26年4月1日適用））

- 入院医療中心の精神医療から地域生活を支えるための精神医療の実現に向け，精神障害者に対する保健医療福祉に携わる全ての関係者が目指すべき方向性を定める。

1. 精神病床の機能分化に関する事項

- 機能分化は段階的に行い，人材・財源を効率的に配分するとともに，地域移行を更に進める。その結果として，精神病床は減少する。
- 地域の受け皿づくりの在り方や病床を転換することの可否を含む具体的な方策の在り方について精神障害者の意向を踏まえつつ，保健・医療・福祉に携わる様々な関係者で検討する。
- 急性期に手厚い医療を提供するため，医師，看護職員の配置について一般病床と同等を目指す。
- 入院期間が1年未満で退院できるよう，多職種のチームによる質の高い医療を提供し，退院支援等の取組を推進する。
- 1年以上の長期入院者の地域移行を推進するため，多職種による退院促進に向けた取組を推進する。

2. 精神障害者の居宅等における保健医療サービス及び福祉サービスの提供に関する事項

- 外来・デイケア等で適切な医療を受けながら地域で生活できるよう，外来医療の提供体制の整備・充実及び地域における医療機関間の連携を推進する。
- アウトリーチ（多職種のチームによる訪問支援）を行うことのできる体制を整備し，受療中断者等の地域生活に必要な医療へのアクセスを確保する。
- 在宅の精神障害者の急性増悪等に対応できるよう，精神科救急医療体制を整備する。
- 精神科外来等で身体疾患の治療が必要となった場合，精神科と他の診療科の医療機関の連携が円滑に行われるよう協議会の開催等の取組を推進する。
- 医療機関及び障害福祉サービス事業を行う者等との連携を推進するとともに，居住支援に関する施策を推進する。

3. 医療従事者と精神障害者の保健福祉に関する専門的知識を有する者との連携に関する事項

- 精神科医療の質の向上，退院支援，生活支援のため，多職種との適切な連携を確保する。
- チームで保健医療福祉を担う専門職種その他の精神障害者を支援する人材の育成と質の向上を推進する。

4. その他良質かつ適切な精神障害者に対する医療の提供の確保に関する重要事項

- 保健所の有する機能を最大限有効に活用するための方策を，市町村等の他の関係機関の在り方も含めて様々な関係者で検討し，当該検討に基づく方策を推進する。
- 非自発的入院の場合においても行動の制限は最小の範囲とし，併せて，インフォームドコンセントに努める等精神障害者の人権に最大限配慮して，その心身の状態に応じた医療を確保する。
- 自殺対策（うつ病等），依存症等多様な精神疾患・患者像に対応した医療を提供する。
- 精神疾患の予防を図るため，国民の健康の保持増進等の健康づくりの一環として，心の健康づくりのための取組を推進する。

向性を公表した。長期入院精神障害者の地域移行及び精神医療の将来像を共有し，①長期入院精神障害者の地域移行を進めるため，本人に対する支援として「退院に向けた意欲の喚起（退院支援意欲の喚起を含む）」「本人の意向に沿った移行支援」「地域生活の支援」を徹底し

長期入院精神障害者の地域移行に向けた具体的方策の今後の方向性（概要）

厚生労働省資料（「長期入院精神障害者の地域移行に向けた具体的方策に係る検討会」平成26年7月14日取りまとめ公表）

1．長期入院精神障害者の地域移行及び精神医療の将来像

○長期入院精神障害者の地域移行を進めるため，本人に対する支援として，「退院に向けた意欲の喚起（退院支援意欲の喚起を含む）」「本人の意向に沿った移行支援」「地域生活の支援」を徹底して実施。

○精神医療の質を一般医療と同等に良質かつ適切なものとするため，精神病床を適正化し，将来的に不必要となる病床を削減するといった病院の構造改革が必要。

2．長期入院精神障害者本人に対する支援

〔ア〕退院に向けた支援
〔ア-1〕退院に向けた意欲の喚起
・病院スタッフからの働きかけの促進
・外部の支援者等との関わりの確保　等
〔ア-2〕本人の意向に沿った移行支援
・地域移行後の生活準備に向けた支援
・地域移行に向けたステップとしての支援（退院意欲が喚起されない精神障害者への地域生活に向けた段階的な支援）　等
〔イ〕地域生活の支援
・居住の場の確保（公営住宅の活用促進等）
・地域生活を支えるサービスの確保（地域生活を支える医療・福祉サービスの充実）　等
〔ウ〕関係行政機関の役割
　都道府県等は，医療機関の地域移行に関する取組が効果的なものとなるよう助言・支援に努める。

3．病院の構造改革

○病院は医療を提供する場であり，生活の場であるべきではない。

○入院医療については，精神科救急等地域生活を支えるための医療等に人員・治療機能を集約することが原則であり，これに向けた構造改革が必要。（財政的な方策も併せて必要）

○2．に掲げる支援を徹底して実施し，これまで以上に地域移行を進めることにより，病床は適正化され，将来的に削減。

○急性期等と比べ入院医療の必要性が低い精神障害者が利用する病床においては，地域移行支援機能を強化する。

○将来的に不必要となった建物設備や医療法人等として保有する敷地等の病院資源は，地域移行した精神障害者が退院後の地域生活を維持・継続するための医療の充実等地域生活支援や段階的な地域移行のために活用することも可能とする。

〈病院資源のグループホームとしての活用について〉

○地域移行する際には，地域生活に直接移行することが原則

○退院に向けた支援を徹底して実施してもなお退院意欲が固まらない人に対しては，本人の権利擁護の観点，精神医療の適正化の観点から，段階的な移行も含めて，入院医療の場から生活の場に居住の場を移すことが必要。

○その選択肢の一つとして，病院資源をグループホームとして活用することを可能とするために，障害者権利条約に基づく権利擁護の観点も踏まえ，一定の条件付け（※）を行った上で，病床削減を行った場合に敷地内への設置を認めることとし，必要な現行制度の見直しを行うべきこと，また，見直し後の事業を試行的に実施し，運用状況を検証するべきことが多くの構成員の一致した考え方（※※）。

※「本人の自由意思に基づく選択の自由を担保する」，「外部との自由な交流等を確保しつつ，病院とは明確に区別された環境とする」，「地域移行に向けたステップとしての支援とし，基本的な利用期間を設ける」等
※※あくまでも居住の場としての活用は否との強い意見があった。

て実施し，②精神医療の質を一般医療と同等に良質かつ適切なものとするため，精神病床を適正化し，将来的に不必要となる病床を削減するといった病院の構造改革が必要であるとした。

| I-2 | 精神障害にも対応した地域包括ケアシステム

[地域移行支援は国家・国民の課題]
● わが国の精神障害者支援が入院処遇を中心として発達してきた背景には，歴史的に精神保健医療福祉サービスの提供体制が不十分であった時代に生じていた私宅監置など自宅や地域における処遇の問題を改善するために，入院処遇が推進されてきたという経緯がある。
● 1954（昭和29）年の全国精神衛生実態調査では，精神障害者の全国推定数130万人のうち，要入院者は35万人であり，当時の病床（約3万床）は，その10分の1にも満たないとしていた。わが国は，その後30年かけてこの要入院者35万人という推計を国策として追い求めてきた。これが，いわゆる長期入院者への支援とその責任を精神科医療機関だけに押しつけてはならない根拠である。
● 社会的支援（家族，金銭，住居，仕事，支援者など）がない人への退院支援についても医療機関が中心に行ってきたが，医療機関にはむしろ新たな患者へのきめ細やかな診察と支援が求められている。そこで地域の責任としての新たなモデルが必要となり，2003（平成15）年，精神障害者退院促進支援モデル事業を開始し，その後，事業の変遷を経て2012（平成24）年4月からは障害者自立支援法（現・障害者総合支援法）に「地域相談支援」（「地域移行支援」「地域定着支援」）として位置づけられるに至った。

> 2003（平成15）～2005（平成17）年度「精神障害者退院促進支援モデル事業」
> 2006（平成18）～2007（平成19）年度「精神障害者退院促進支援事業」
> 2008（平成20）～2009（平成21）年度「精神障害者地域移行支援特別対策事業」
> ※精神障害者の退院促進・地域定着に必要な体制整備の総合調整を行う地域体制整備コーディネーターを配置した。
> 2010（平成22）～2011（平成23）年度「精神障害者地域移行・地域定着支援事業」
> ※地域生活への移行支援にとどまらず，地域生活への移行後の地域への定着支援も行う事業とした。
> 2012（平成24）年4月，障害者自立支援法（現・障害者総合支援法）に「地域相談支援」（「地域移行支援」「地域定着支援」）を位置づけた。

[精神障害にも対応した地域包括ケアシステムの基本的な考え方]
● 2017（平成29）年2月の「これからの精神保健医療福祉のあり方に関する検討会」報告書では，「入院医療中心から地域生活中心」という政策理念に基づく施策をより強力に推進して，精神障害者の一層の地域移行を具体的な政策手段により実現していくため，「精神障害にも対応した地域包括ケアシステム」という新たな基軸を提案した。
● 「精神障害にも対応した地域包括ケアシステム」は，精神障害者が，地域の一員として安心して自分らしい暮らしをすることができるよう，医療，障害福祉・介護，住まい，社

会参加（就労），地域の助け合い，教育を包括的に確保するものである。
●地域移行支援は，精神障害にも対応した地域包括ケアシステムの一要素である。
●長期入院精神障害者の地域移行を進めるにあたっては，精神科病院や地域援助事業者による努力だけでは限界があり，自治体を含めた地域精神保健医療福祉の一体的な取り組みの推進に加えて，地域住民の協力を得ながら，差別や偏見のない，あらゆる人が共生できる包摂的（インクルーシブ）な社会を構築していく必要がある。
●障害保健福祉圏域ごとの保健・医療・福祉関係者による協議の場を通じて，精神科医療機関，その他の医療機関，地域援助事業者，市町村などとの重層的な連携による支援体制を構築する。
●長期入院精神障害者のうち一定数は，地域の精神保健医療福祉体制の基盤を整備することで地域生活への移行が可能となる。2020（平成32）年度末（第5期障害福祉計画の最終年度），2024（平成36）年度末の精神病床における入院需要（患者数）及び，地域移行に伴う基盤整備量（利用者数）の目標を明確にした上で，第7次医療計画，第5期障害福祉計画，第7期介護保険事業（支援）計画に基づき基盤整備を推し進める。共通の理念，共通のアウトカム目標のもと一体的な計画として策定・実行する。

[精神障害にも対応した地域包括ケアシステムの目標設定]
●第5期障害福祉計画等に係る国の基本指針では，「精神障害にも対応した地域包括ケアシステムの構築」を目指して，平成32年度末までに，全ての障害保健福祉圏域・市町村ごと

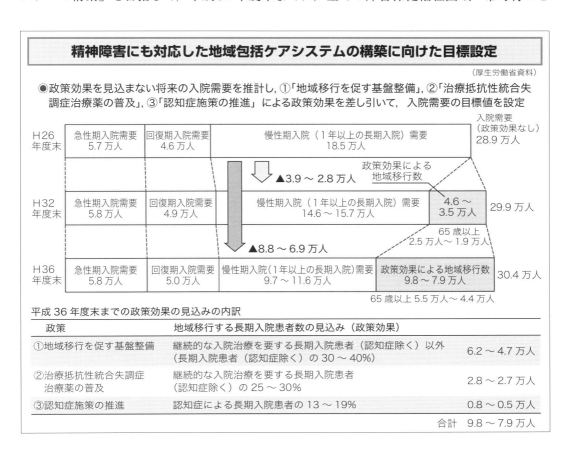

精神障害にも対応した地域包括ケアシステムの構築（イメージ）

（厚生労働省資料）

●精神障害者が，地域の一員として安心して自分らしい暮らしができるよう，医療，障害福祉・介護，住まい，社会参加（就労），地域の助け合い，教育が包括的に確保された地域包括ケアシステムの構築を目指す必要がある。

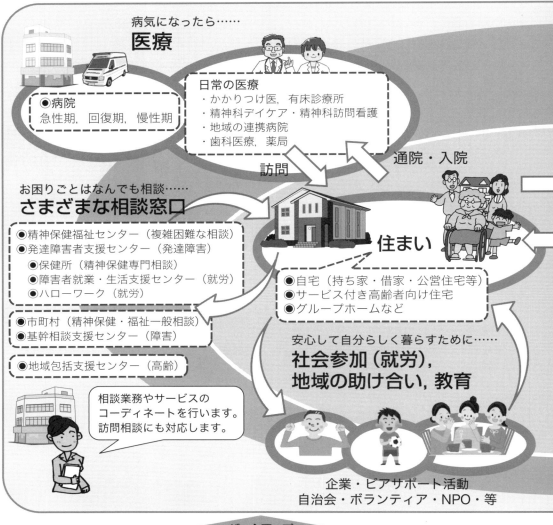

●このような精神障害にも対応した地域包括ケアシステムの構築にあたっては，計画的に地域の基盤を整備するとともに，市町村や障害福祉・介護事業者が，精神障害の程度によらず地域生活に関する相談に対応できるように，圏域ごとの保健・医療・福祉関係者による協議の場を通じて，精神科医療機関，その他の医療機関，地域援助事業者，市町村などとの重層的な連携による支援体制を構築していくことが必要。

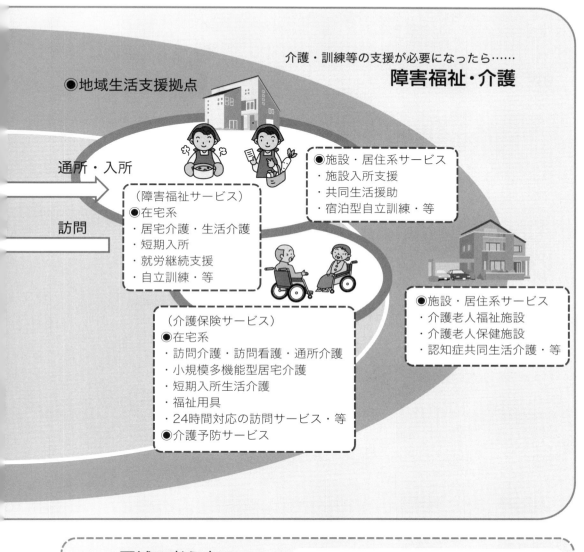

に保健・医療・福祉関係者による協議の場を設置することを基本として，成果目標を設定した。

多様な精神疾患等に対応できる医療連携体制（イメージ）

（厚生労働省資料）

● 多様な精神疾患等に対応できる医療連携体制の構築に向けて，「良質かつ適切な精神障害者に対する医療の提供を確保するための指針」を踏まえて，多様な精神疾患等ごとに各医療機関の医療機能を明確にし，役割分担・連携を推進する。

精神医療圏（※1）

- 多様な精神疾患等ごとに地域精神科医療提供機能を担う医療機関
- その他の医療機関
- 市町村
- 圏域ごとの医療関係者等による協議の場
  精神疾患に関する圏域連携会議（※2）
  圏域毎の精神科救急医療体制及び
  身体合併症患者の医療体制に係る検討部会（※3）
- 多様な精神疾患等ごとに地域連携拠点機能を担う医療機関
- 保健所

↑ バックアップ

- 多様な精神疾患等ごとに都道府県連携拠点機能を担う医療機関
- 都道府県本庁
- 精神保健福祉センター
- 都道府県ごとの医療関係者等による協議の場
  精神疾患に関する作業部会（※2）
  精神科救急医療体制連絡調整委員会（※3）

（難治性精神疾患や処遇困難事例等にも対応できるように，都道府県立精神科病院に加えて，民間病院，大学病院，国立病院なども参画した医療連携体制を構築することが望ましい）

精神医療圏における関係機関の役割

【圏域ごとの医療関係者等による協議の場の役割】
　圏域内のあるべき地域精神科医療連携体制の構築を協議する場（特に圏域内の病院・病院間連携および病院・診療所間連携の深化を図る）

〈地域精神科医療提供機能を担う医療機関の主な役割〉
　地域精神科医療の提供

〈地域連携拠点機能を担う医療機関の主な役割〉
　①医療連携の地域拠点
　②情報収集発信の地域拠点
　③人材育成の地域拠点
　④地域精神科医療提供機能支援

〈市町村の主な役割〉
　精神保健福祉相談，在宅医療介護連携推進の総合調整

〈保健所の主な役割〉
　圏域内の医療計画の企画立案実行管理
　圏域内の医療関係者間の総合調整

三次医療圏における関係機関の役割

【都道府県ごとの医療関係者等による協議の場の役割】
　都道府県内のあるべき地域精神科医療連携体制の構築を協議する場（特に，多様な精神疾患等ごとに各医療機関の医療機能の明確化を図る）

〈都道府県連携拠点機能を担う医療機関の主な役割〉
　①医療連携の都道府県拠点，
　②情報収集発信の都道府県拠点，
　③人材育成の都道府県拠点
　④地域連携拠点機能支援

〈精神保健福祉センターの主な役割〉
　保健所，市町村への専門的支援
　（個別相談，人材育成等）

〈都道府県本庁の主な役割〉
　都道府県全体の医療計画の企画立案実行管理
　都道府県全体の医療関係者間の総合調整

※1 精神医療圏の設定にあたっては二次医療圏を基本としつつ，障害保健福祉圏域，老人福祉圏域，精神科救急医療圏域等との連携も考慮し，地域の実情を勘案して弾力的に設定。
※2 医療計画作成指針に基づく協議の場
※3 精神科救急医療体制整備事業実施要綱に基づく協議の場

●都道府県は，2020（平成32）年度末の精神病床における1年以上長期入院患者数（65歳以上，65歳未満）の目標値を国が提示する推計式を用いて設定する。全国の精神病床の1年以上入院患者数は，14.6万人〜15.7万人（2014（平成26）年度末の18.5万人と比べて3.9万人〜2.8万人減）と推計する。

●都道府県は，2020（平成32）年度末における入院後3か月時点，入院後6か月時点，および入院後1年時点の退院率の目標値を，それぞれ69％以上，84％以上，および90％以上として設定することを基本とする。

● 2018（平成30）年度からの第7次医療計画では，多様な精神疾患等に対応できる医療連携体制の構築に向けて，「良質かつ適切な精神障害者に対する医療の提供を確保するための指針」を踏まえて，多様な精神疾患等ごとに医療機能（①都道府県連携拠点機能，②地域連携拠点機能，③地域精神科医療提供機能）を明確化した。

［精神障害にも対応した地域包括ケアシステムの構築に向けた5つの機関の役割］

●精神障害者の一層の地域移行を具体的な政策手段により実現していくための新たな基軸である「精神障害にも対応した地域包括ケアシステムの構築」に向けて，都道府県，保健所，医療機関，市町村，基幹相談支援センターの役割を整理したい。この5つの機関がそれぞれの役割と責任を全うすることで重層的な連携体制が整い，精神障害者が地域の一員として安心して自分らしく暮らすことのできる地域をつくることができる。

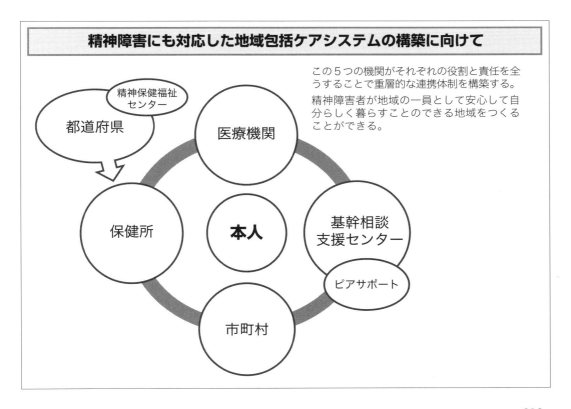

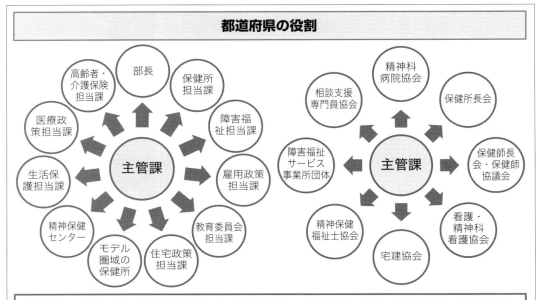

［精神障害にも対応した地域包括ケアシステムの構築に向けた都道府県の役割］
① 都道府県主管課は，「精神障害にも対応した地域包括ケアシステムの構築」を強力に推進するリーダーシップを持ち，庁内および関係団体との合意形成を図る。
② 良質な実践の視察や精神科病院関係者・精神障害当事者と意見交換を行う等により「精神障害にも対応した地域包括ケアシステムの構築」の重要性および方向性の理解を深める。
③ 保健，医療，福祉関係者による協議の場を設置して重層的な連携支援の体制を構築するとともに，障害保健福祉圏域，市町村の協議の場づくりを推進する。
④ 必要なサービス量を見込みながら，同一の理念，連動性の担保の上で医療計画，障害福祉計画，介護保険事業支援計画を作成する。PDCAサイクルによる進捗管理のもと包括ケア体制の整備推進を図る。
⑤ 協議の場を活用して保健医療を起点とした基盤整備と福祉サービスを起点とした基盤整備を行う。
⑥ 人材育成の中核となる指導者養成研修を実施して，障害保健福祉圏域，市町村で行う人材育成を支援する。
⑦ モデル圏域を設定する等して，その取り組みを検証のうえ好事例を横展開する。
⑧ 精神保健福祉センターは，シンクタンクおよび体制整備の推進役として，都道府県主管部局に対して，専門的立場から医療計画等地域精神保健福祉施策の計画的推進

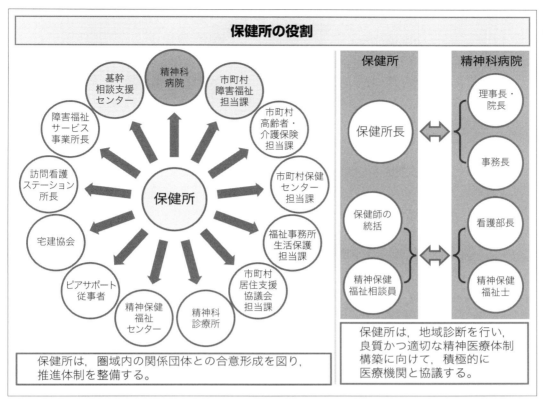

に関する提案，意見具申等の企画立案を行う。また，保健所，市町村および関係諸機関に対しては，技術援助，人材育成および地域精神保健福祉活動を効果的に展開するための調査研究および資料の提供を行う。

[精神障害にも対応した地域包括ケアシステムの構築に向けた保健所の役割]
① 保健所は，「精神障害にも対応した地域包括ケアシステムの構築」を強力に推進するためのリーダーシップを持って，圏域内の合意形成を図る。
② 良質かつ適切な精神医療体制構築に向けて，地域アセスメントを行うとともに積極的に医療機関と協議する。
③ 保健，医療，福祉関係者による協議の場を設置して重層的な連携支援体制を整備する。市町村，基幹相談支援センターとの協力体制を強化する。特に保健医療を起点とした基盤整備の推進役となる。
④ 都道府県等の医療計画，障害福祉計画，介護保険事業支援計画及び圏域の目標について，PDCAサイクルによる進捗管理を行い，包括ケア体制の整備推進を図る。
⑤ 協議の場を活用して，医療機関，市町村，相談支援事業所とケア会議等を行い，個別事例に対応した支援方針を検討する。ケア会議の場所は，保健所に限らず，当該病院で行うなど工夫が必要である。
⑥ 保健，医療，福祉の連携支援を強化するため，関係職員を対象として，現場に即し

た研修を行う。
* 計画相談支援の精神障害者支援体制加算は，都道府県地域生活支援事業にある精神障害者関係従事者養成研修事業の，精神障害者支援の障害特性と支援技法を学ぶ研修事業および精神障害にも対応した地域包括ケアシステムの構築推進事業において行われる精神障害者の地域移行関係職員に対する研修のいずれかを受講することが加算要件となっている
* 公益社団法人日本精神保健福祉士協会において「指定一般相談支援事業所（地域相談支援）と精神科病院の職員が協働して地域移行に向けた支援を行うための研修カリキュラム及びガイドライン等の開発」（厚生労働省／平成28年度障害者総合福祉推進事業）を実施しており，「精神障害関係従事者養成研修事業」において活用を想定している。精神障害にも対応した地域包括ケアシステムの構築推進事業において行われる精神障害者の地域移行関係職員に対する研修でも活用できる内容である。

⑦基幹相談支援センターと協力して，ピアサポーター／ピアスタッフを養成して，その支援体制を整備する。
⑧市町村・基幹相談支援センターと協力して，生活保護担当者との連携，住まいの確保，家族支援等を行う。
⑨障害者総合支援法における市町村および都道府県等の「協議の場」と連携する。

[精神障害にも対応した地域包括ケアシステムの構築に向けた医療機関の役割]
①良質かつ適切な精神障害者に対する医療の提供に向けて都道府県，保健所と積極的に意見交換を行う。
②病院スタッフを対象として包括ケアに関する研修を行い理解の促進を図る。
③保健，医療，福祉の重層的，相補的な連携支援体制の推進役を担う。
④医療機関は，地域の協議の場に参画して，地域精神医療・地域生活支援体制の構築に寄与する。
⑤精神科病院の構造改革と病院運営に関わる中長期戦略策定に向けた地域移行機能強化病棟運用ガイドライン〈改訂版〉によると，当該病棟入院患者の地域生活への移行支援をすすめるにあたっては，保健所，市町村の障害福祉担当部署，特定相談支援事業者及び一般相談支援事業者に，以下の内容について意見を求めて協議するとしている。
　1 病棟の規模，目標としている退院者数，年齢層，従前の住所地
　2 地域相談支援の利用の必要性
　3 退院支援委員会への出席について
　4 定期的な交流機会を通した退院意欲の喚起の必要性
　5 ピアサポートの必要性
　6 地域生活を念頭に置いたプログラムの必要性
　7 居住先の確保の必要性

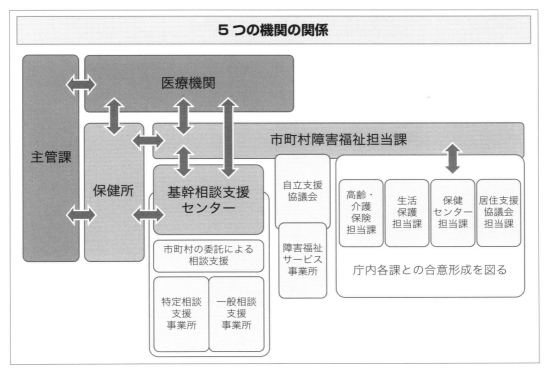

　　⑧障害福祉サービスや介護保険サービスの利用の必要性
　　⑨後見人,保佐人または補助人の必要性
　　⑩新たな地域資源開発の必要性
　⑥⑤のような連携は,良質かつ適切な精神障害者に対する医療の提供および障害者福祉の充実といった「精神障害にも対応した地域包括ケアシステムの構築」にむけてもきわめて重要なことである。

[精神障害にも対応した地域包括ケアシステムの構築に向けた市町村の役割]
　①障害福祉主管課のリーダーシップのもと庁内各課及び関係団体との合意形成を図る。
　②さまざまな関係者が情報共有や連携を行う体制を構築するための協議の場を設定する。特に福祉を起点とした基盤整備の推進役となる。
　③必要なサービス量を見込みながら障害福祉計画,介護保険事業計画その他の精神障害者に関連する分野の計画等について,整合性を図り作成する。PDCAサイクルにより障害福祉サービスや介護サービスを計画的に整備して,包括ケア体制の推進を図る。
　④障害者総合支援法における市町村の「協議の場」を活用して,地域の相談支援体制を整備するとともに,地域の関係機関等との連携体制を強化する。
　⑤障害者総合支援法における市町村の「協議の場」と居住支援協議会が連携して,具体的な居住の確保を行う。

［精神障害にも対応した地域包括ケアシステム構築に向けた基幹相談支援センターの役割］
①基幹相談支援センターは，保健，医療，福祉による連携支援を重要な役割として位置づけている。
②障害者総合支援法における市町村の「協議の場」を活用し計画的に地域基盤の整備を推進する。
③地域の相談支援体制を整備し，人員確保，質の向上等，相談支援体制の充実を図るとともに，関係機関と連携して，相補的，重層的な支援体制を構築する。
④特定相談支援事業所，一般相談支援事業所への技術支援を行う。
⑤地域生活支援拠点は，医療，保健，福祉の連携支援体制と連動させて整備する。
⑥ピアサポートの有効性を理解し，保健所と協力してピアサポーターを養成し，活用するための仕組みを構築する。
⑦地域に基幹相談支援センターがない場合は，障害者総合支援法における市町村の「協議の場」を活用して，その役割を担う体制（例えば，市町村の一般的な相談を受託している相談支援事業所を中心に据える等）を構築しておく必要がある。

II

「精神障害にも対応した地域包括ケアシステム」のための共有事項

◉地域移行支援・地域定着支援・自立生活援助を進めるために

II-1 ｜ 都道府県・保健所の役割
II-2 ｜ 市町村の役割
II-3 ｜ 精神科医療機関の役割（1）
II-4 ｜ 精神科医療機関の役割（2）
II-5 ｜ 相談支援事業者の役割
II-6 ｜ 市町村（自立支援）協議会の役割
II-7 ｜ 基幹相談支援センターと地域生活支援拠点の機能
II-8 ｜ 相談支援専門員・地域生活支援員と介護支援専門員との連携
II-9 ｜ 相談支援専門員・地域生活支援員と訪問看護師との連携
II-10 ｜ ピアサポート

| II-1 | 都道府県・保健所の役割

●都道府県は，あらゆる人が共生できる包摂的（インクルーシブ）な社会を構築し，精神障害者が地域の一員として安心して自分らしい暮らしができるよう，障害福祉計画，医療計画，介護保険事業計画を連動させながら地域精神保健医療福祉の体制整備に一体的に取り組む。各種計画の所管課が異なることが多いため，庁内の横の連携を意識した情報共有が重要である。

●都道府県は，「精神障害にも対応した地域包括ケアシステム」を構築して，重層的な連携による支援体制を整備するため，保健・医療・福祉関係者による協議の場（例｜都道府県（自立支援）協議会専門部会など）を設置するとともに，障害保健福祉圏域，市町村ごとの協議の場づくりを支援する。

●都道府県の協議の場は，各計画の進捗状況の確認や事業評価を行うこと，「精神障害にも対応した地域包括ケアシステム」の構築，地域移行支援の推進に向けた検討を行う。

[精神保健福祉センターの役割]

●精神保健福祉センターは，精神保健及び精神障害者福祉に関する法律第6条に規定され，その運営は「精神保健福祉センター運営要領」（平成25年4月26日障発0426第6号厚生労働省保健医療局長通知）に定められている。

●精神保健福祉センターは，精神障害者にも対応した地域包括ケアシステムの構築に向けたシンクタンクおよび体制整備の推進役として，都道府県主管部局に対して，専門的立場から医療計画等地域精神保健福祉施策の計画的推進に関する提案，意見具申等の企画立案を行う。

●保健所，市町村および関係諸機関に対しては，技術援助，人材育成および地域精神保健福祉活動が効果的に展開できるための調査研究および資料の提供を行う。

[保健所の役割]

●保健所における精神保健福祉業務は，「保健所及び市町村における精神保健福祉業務について」（平成12年3月31日障第251号厚生大臣官房障害保健福祉部長通知）により定められている。保健所は地域精神保健福祉業務の中心的な行政機関である。

●保健所は，地域診断を行うとともに，良質かつ適切な精神医療体制構築に向けて積極的に医療機関と協議して，長期入院者の地域移行支援を推進する。市町村，医療機関や地域援助事業者等の職員，およびピアサポーター等に対して研修を行う。

●保健医療福祉にかかる計画の策定に関わり，策定後の計画を実施，評価すると共に，市町村への協力も積極的に行う。長期入院患者の地域移行支援については，地域の連携の要として精神科病院，市町村，相談支援事業所と協力して行う。

●保健所では入院等関係事務として，管内の精神科病院から提出された医療保護入院届や定期病状報告を取り扱っており，長期入院者の病状を含めた具体的な情報が集約される。

●精神障害者の人権に配慮した適正な精神医療の確保や社会復帰の一層の促進を図るため，精神科病院に対する指導監督の徹底を図るという重大な役割を担っている。

ズバリ!!　地域精神保健医療福祉体制のビジョンを描く！

関係機関の役割とネットワーク

精神保健福祉センター
- ○精神保健福祉活動を効果的に展開するための資料提供
- ○地域移行ネットワークに対する技術支援
- ○人材育成

精神保健医療主管課 障害福祉主管課
- ○計画作成及び進捗管理
- ○全県的な取組に関する調整
- ○関係職能団体との協働

都道府県ごとの保健医療福祉関係者による協議の場（既存の協議会も含む）
- ◆精神障害者の地域移行・地域定着支援に関する最高決定機関
- ○各種計画の管理及び事業評価
- ○関係機関への地域移行・地域定着推進に向けた働きかけ
- ○自治体内の支援体制整備の推進

→ 障害福祉計画 / 医療計画 / 介護保険事業計画

圏域ごとの協議の場への支援

働きかけ

精神科病院
- ○退院支援の実施
- ○申請支援

働きかけ

保健所
- ○各種計画の目標管理及び達成のための働きかけ
- ○圏域内の調整及び連携推進
- ○市町村，精神科病院等への積極的な働きかけ
- ○ピアサポート活動の推進
- ○市町村に対する管内の精神障害者に係る状況の情報提供
- ○県民に対する普及啓発

基幹相談支援センター
支援体制整備 / 申請前支援 / スーパーヴァイズ
- ○医療機関への障害福祉サービスの周知
- ○地域移行支援に対する助言・支援
- ○地域資源に関する情報集約と発信

障害保健福祉圏域ごとの保健・医療・福祉関係者による協議の場

障害福祉サービス事業所
- ○サービスの提供

グループホーム（共同生活援助）
- ○サービスの提供

ピアサポーター
- ○長期入院者への働きかけ

市町村（入院前居住地）
- ○支給決定（予算確保）
- ○障害福祉サービス等の充実

連携

市町村ごとの保健・医療・福祉関係者による協議の場【（自立支援）協議会地域移行部会】
- ○地域移行ネットワークの強化
- ○地域の社会資源の開発の役割強化

個別給付

特定相談支援（計画作成担当）
- ○全体のマネジメント

一般相談支援（地域移行・地域定着）自立生活援助
- ○個別支援

ピアサポート活動

退院

II-2 市町村の役割

●生活に関するさまざまな相談窓口や生活を支援する基本的なサービスは，住民に最も身近な自治体である市町村が担っている。これまでの精神保健福祉行政は，精神保健及び精神障害者福祉に関する法律により，都道府県及び保健所を中心に行われてきたが，入院医療中心から地域生活中心へと施策が展開するなか障害者自立支援法（現・障害者総合支援法）の施行により市町村を中心に福祉施策の推進が図られている。

●市町村の役割
《市町村の行う自立支援給付費の支給決定》
《市町村が行う地域生活支援事業の実施》
《障害支援区分の認定（市町村審査会の実施）》
《市町村障害福祉計画の策定（障害者基本法に基づく「市町村障害計画」も策定）》
《障害福祉サービス費の市町村審査事務》
《サービス利用に関する相談，手続き窓口》
《更生医療，育成医療の支給決定》等

●障害者総合支援法における自立支援給付の支給決定等は，原則として，申請者である障害者または障害児の保護者の居住地の市町村が行い，支給決定等を行う市町村が自立支援の実施主体となり，費用の支弁を行うこととなる。

●障害者から申請された地域相談支援の利用については，支援区分認定調査の実施，サービス利用意向聴取，サービス等利用計画・地域相談支援給付決定案の作成を経て，地域相談支援給付決定を行う。その後，申請者に給付決定通知がなされ，サービス等利用計画の作成を経てサービス利用という流れになる。

●市町村は，入院中の精神障害者本人や保健所，医療機関からの求めに応じて，地域援助事業者のあっせんおよび福祉サービス等の利用調整により退院支援を行う。市町村は，退院後生活環境相談員等との連携を図るなど，相談支援事業所と調整し，地域移行後の地域定着に向けた支援体制を構築する。

●市町村に求められる最大の役割は，市民がサービスを利用する権利の保障である。その遂行には，適切な支給（給付）決定と予算管理が必要不可欠であるとともに，関係機関との連携の場を設定し，自らも参加をすることが重要である。支援のプロセスを障害者本人や支援機関と共有していくことで，障害者が地域で暮らすための支援者の一員となり，共生社会の実現を目指していかなければならない。

●精神障害にも対応した地域包括ケアシステムの構築にむけて，住民に最も身近な基礎的自治体である市町村は，当事者および保健・医療・福祉に携わる者を含むさまざまな関係者が情報共有や連携を行う体制を構築するための協議の場を設定する。必要な相談支援，障害福祉サービス等の提供体制を確保して長期入院者の地域移行を推進する。

ズバリ!! 市町村も支援プロセスを共有していくこと！

市町村の役割とは

- 権限移譲ばかりで やることいっぱい……
- それでも実施主体は市町村！ 退院支援に何をすれば……
- 申請，支援区分の認定調査，サービス利用の意向聴取…… 一連のプロセスの中で本人の様子がわかってきた……

- 病院や相談支援事業所，サービス事業所の人たちと一緒に取り組んでいけばうまくいくかも……

予算確保と適切な支給決定
市町村の責務

連携の場を設定
協議会やモニタリングで情報共有

支援に加わる
サービス担当者会議に出席

→ 退院して地域で暮らす市民の権利を守る

公務員は全体の奉仕者とはいうものの相手は一人ひとり違う

相手の人生の一端を担っていることを意識する

II-3 精神科医療機関の役割（1）

[現状と課題]
●精神科医療機関の役割は「入院医療中心から地域生活中心へ」という基本理念に基づき，精神障害者が地域で自分らしく生活するための医療の提供である。2004（平成16）年の精神保健医療福祉の改革ビジョンでは，救急・リハビリ・重度などに機能分化を進め，できるだけ早期に退院を実現できる体制を整備することを示した。

●その結果，新規入院患者の9割近くが1年以内に退院している一方，長期入院者の地域移行は依然進まない状況が続いている。入院期間1年未満の家庭復帰率は7割を超えるが，1年以上になると転院・院内転院や死亡の割合が増加する。

●「新しい精神科地域医療体制とその評価のあり方に関する研究」（安西信雄：平成22年～平成24年度厚生労働科学研究費補助金障害者対策総合研究事業精神障害分野）では，1年以上の長期入院者のうち，退院困難とされた長期入院患者の4割は居住や支援がないことや身体合併症治療のためとされている。

[長期入院患者等の地域移行に向けて]
●2014（平成26）年7月に示された「長期入院精神障害者の地域移行に向けた具体的方策の今後の方向性」では，本人に対する支援として「退院に向けた意欲の喚起（退院支援意欲の喚起を含む）」「本人の意向に沿った移行支援」「地域生活の支援」を実施することが求められた。

●医療機関の地域移行に関する理解の促進，退院意欲の喚起を行うことができる環境の整備や外部の支援者等とのかかわりを確保するためピアサポート等のさらなる活用，地域援助事業者との連携強化を図り，地域体制整備，地域移行支援の柔軟な活用を進めることが示された。

[精神科医療機関が行うべきこと]
●精神科医療機関は，地域移行支援を推進するために，退院したい気持ちを表明できるよう情報を届け，不安に寄り添い支え，地域の支援者との出会いの場を作る。地域の協議の場に参画して，長期入院者の地域移行を地域の課題として取り組むことで，地域生活支援体制の構築にも寄与する。

●医療機関には地域医療体制の整備・確保を図り，退院後の地域生活を支援することが求められている。多職種によるアセスメントとケア計画に基づく医療継続支援と地域援助事業者との連携による必要なサービスの提供を行い，行政機関や学校，職場等関係機関との調整により，住み慣れた地域で安心して暮らすことができるよう，個人のニーズに即した包括的ケアが提供できる体制を整える必要がある。

●地域で生活する精神障害者の高齢化，疾病構造の変化等により，精神科医療へのニーズが変化しつつある。多様な精神疾患等に対応できるよう，地域の課題を把握して地域生活を支えるための必要なサービスを明らかにする。

●協議の場を通じて地域精神保健医療体制と医療機関の役割を明確にし，内科等の他医療

機関との連携体制も構築することで，長期入院者の地域移行を推進する。

ズバリ!! できるだけ早期に，地域の支援者との出会いの場を作ろう！

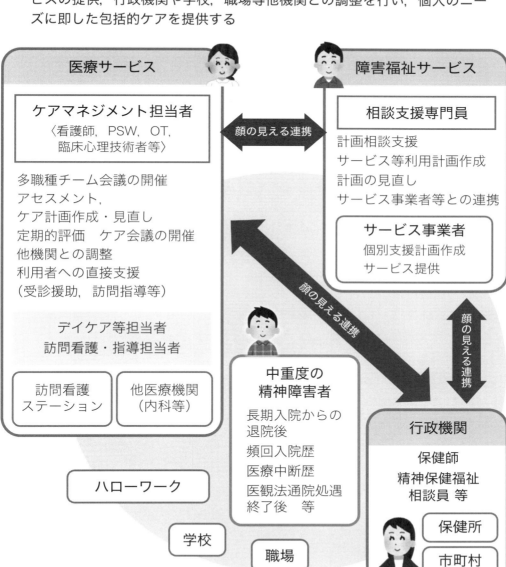

II-4 精神科医療機関の役割（2）

[精神保健福祉法改正]
●精神科医療機関の専門職は，患者が住み慣れた地域でその人らしい生活を実現できるよう多職種・多機関連携を念頭に早期からの介入が求められている。2014（平成26）年の精神保健福祉法の改正では，精神障害者の地域移行を促進するため，保護者制度が廃止され，精神科病院の管理者に医療保護入院者の退院後の生活環境に関する相談および指導を行うものとして退院後生活環境相談員を選任すること，地域援助事業者（入院者本人や家族からの相談に応じ必要な情報提供等を行う相談支援事業者等）との連携，退院促進のための体制整備を義務づけている。

[早期退院支援に向けた取り組み]
●精神科医療機関は，入院後早期に介入し，病状の安定と並行して退院支援ができるよう，院内の全職種（医師，看護師，PSW，OT，臨床心理技術者等）による入院時カンファレンスにおいて，症状・病歴・生活歴・家族歴等のアセスメントを行う。退院先，キーパーソンの有無等，退院に向け必要な情報を共有し，各職種がいつどのような介入を行うかを検討することで退院支援に向け協働するシステムを構築する。
●長期化のリスクがあると判断される際は，個別の治療チームを編成し，入院早期から心理検査や心理教育，生活技能の評価，退院後必要となる地域援助事業者との情報共有等，定期的な多職種カンファレンスで進捗を確認しながら多面的評価およびチームアプローチを行う。
●退院後生活環境相談員は，本人の権利や利用できるサービスについて丁寧な説明を行う。地域移行支援のポスターを病棟内に掲示することで地域相談の情報を届け，相談支援専門員との面談の場を調整する。
●病棟カンファレンスでは本人の希望を踏まえ，治療や退院に向けて進捗確認，退院阻害要因の把握，解決策の検討を行い，退院支援計画を作成する。退院後の住まいや日中活動，相談先の課題があり福祉サービスの利用が必要な場合は，相談支援専門員との定期的な面談の調整を行い，地域相談，計画相談の利用を進める。
●本人，家族および地域援助事業者等が参加する連携ケア会議を定期的に実施，入院診療計画書に記載された推定される入院期間を超える場合には退院支援委員会を開催し，退院支援計画と地域移行支援計画の足並みが揃っているかを確認する。
●退院前訪問看護指導では，退院に向け外出や外泊を行う中で表明される本人の希望や不安を受けとめ，地域援助事業者との同行訪問等を通じ，個人のニーズに応じたサービスが提供されるよう支援計画の見直しやクライシスプランの作成を行う。

[新たな長期入院者を生み出さないために]
●改正精神保健福祉法により，原則1年以上の精神科病院への入院を認めないとされ，診療報酬により急性期を手厚くする仕組み作りが進められている。精神科医療機関は長期入院が権利侵害の温床となることを認識している。そのために，さまざまな機関との連携

を強化することで抱え込まない精神科医療の実現を目指している。

ズバリ!! 医療機関の取り組み次第で，新たな長期入院は防ぐことができる！

早期退院に向けた精神科医療機関の役割

入院 0日
- 看護師長/外来・病棟担当PSW
- 担当医・主治医決定

情報収集・関係機関連携
入院受け入れ・ベッドコントロール

退院後生活環境相談員決定
（担当Ns／担当PSW等）
⇒ 本人・家族面接

1週間 ～ 1か月
- 入院カンファレンス
  - アセスメント
  - 長期化リスク評価
- 多職種カンファレンス
  - 多面的評価
  - 退院支援計画
  - チームアプローチ
- 病棟カンファレンス
  - 退院阻害要因把握
  - 解決策の検討

個別治療チーム

- **Ns**：生活アセスメント／病状管理・服薬指導／カンファレンス調整
- **PSW**：権利支援　情報提供／ケースマネジメント／関係機関連絡調整（地域援助事業者）
- **OT**：生活リズムの改善／生活技能・生活環境評価／作業療法・評価
- **CP**：心理検査・心理教育

連携ケア会議
退院に向けた連携の3ステップ
・情報の連携
・支援の連携
・本人中心の連携
（退院支援委員会）

- 本人・家族 → 本人の希望確認／地域資源との連携
- 地域援助事業者（福祉・行政）→ 地域移行・地域定着支援の活用／生活支援体制設計
- 住居サービス事業者 → 居住確保

3か月
外出・外泊時
退院前訪問看護指導

退院
- 外来看護師
- デイケア
- 多職種訪問チーム
- 訪問看護ステーション

外来通院

カンファレンス参加者
医師，病棟・外来看護師，病棟担当薬剤師
病棟・外来担当PSW, OT, CP, 各チーム代表者

II 「精神障害にも対応した地域包括ケアシステム」のための共有事項●地域移行支援・地域定着支援・自立生活援助を進めるために

II-5 相談支援事業者の役割

[相談支援とは]
●相談支援とは，本人の意思を中心とした生活（命，暮らし，生きざま）を支援することであり，利用者との対話とかかわりという関係性が根本かつ本質である。そのうえで，ケースマネジメント，グループワーク，コミュニティワークの技術を駆使して実践され，共生社会の実現を目指すものである。

[制度としての相談支援]
●私たちの日常にはどこにでも「相談」がある。この日常的，一般的に行われている「相談」が，障害者総合支援法では，市町村の必須事業である地域生活支援事業のひとつとして位置づけられている。
●特定相談支援事業者が行う計画相談支援や，一般相談支援事業者が行う地域相談支援（地域移行支援・地域定着支援）における利用者等からの日々の相談は，「基本相談支援」として明確に位置づけられている。

[市町村の一般的な相談支援]
●一般的な相談に対応する障害者相談支援事業は，市町村の地域生活支援事業（必須事業）として位置付けられている。市町村は一般的な相談支援をする中で計画相談支援の対象とならない事例（サービスの利用に至らない人，支援の行き届かない人，ひきこもりがちな障害者など）や支援区分認定が難しい事例に対しても積極的かつ真摯に対応することが求められている。また，この事業は，特定相談支援事業者や一般相談支援事業者に委託することができ，この委託を受けた事業者を委託相談支援事業者と呼ぶ。

[計画相談支援]
●障害者総合支援法により，サービスを利用するすべての障害者が，計画相談支援の対象となった。計画相談を行う特定相談支援事業者は，相談支援専門員がサービス等利用計画作成とモニタリングを行いながら利用者の望む生活をアセスメントし，マネジメントしていく。
●計画相談支援におけるモニタリングは，サービス利用状況の確認のみならず，利用者との一層の信頼関係を醸成し，新たなニーズや状況の変化に応じたニーズを見出し，サービスの再調整に関する助言をするなど，継続的かつ定期的に実施することが重要である。

[地域相談支援]
●都道府県の指定を受けた相談支援事業者が行う相談支援で，地域相談支援と基本相談支援を担う。地域相談支援とは精神科病院における社会的入院患者の地域移行支援や障害者入所施設等からの地域移行支援を行うものである。また，地域で見守りが必要な障害者への地域定着支援も地域相談支援に位置づけられている。

[基本相談支援]
●特定相談支援事業者や一般相談支援事業者が計画相談支援や地域相談支援に付随して行う利用者等からの相談支援のことであり，市町村が行う一般的な相談支援とは区別されている。

[地域移行を推進するための相談支援事業者の役割]
● 地域移行支援を行う一般相談支援事業者の相談支援専門員には，個の地域移行を支援するに留まらず，社会的入院を余儀なくされた人々が安心して地域で暮らせるような社会を築いていく役割がある。
● 具体的には，(地域自立支援) 協議会を活用して，地域移行対象となり得るケースの事例検討会を実施したり，地域に不足しているサービス（グループホーム等住居の確保や保

「障害者」の相談支援体系

地域移行支援・地域定着支援

一般相談支援事業者（地域移行・定着担当）
※事業者指定は都道府県知事が行う

○地域相談支援（個別給付）
　・地域移行支援
　　（地域生活の準備のための外出への同行支援・入居支援等）
　・地域定着支援
○基本相談支援
　（障害者・障害児等からの相談）

サービス等利用計画

特定相談支援事業者（計画作成担当）
※事業者指定は市町村長が行う

○計画相談支援（個別給付）
　・サービス利用支援
　・継続サービス利用支援
○基本相談支援
　（障害者・障害児等からの相談）

市町村による相談支援事業

市町村／特定（計画作成担当）・一般相談支援事業者（地域移行・定着担当）に委託可

○障害者・障害児等からの相談（交付税）

- 基幹相談支援センター
- 地域の相談支援体制の強化の取り組み
- 総合相談・専門相談
- 権利擁護・虐待防止
- 地域移行・地域定着

証人の確保など）について協議する場を設けたり，または，病院と協働して入院患者の意欲喚起のためのピアサポーターによる病院訪問や院内での茶話会・グループワークの開催をコーディネートするなど，その役割は多岐にわたる。

●相談支援事業者の一番の役割は，地域の特性を熟知し，その地域の病院・保健所・市町村の役割を明確にし（縦軸），それらの機関をマネジメントしていく（横軸）ことである。

●医療・保健・福祉の連携とバランスが大切であり，一つでも機能が脆弱だと地域移行は進んでいかないので注意が必要である。ただし，この縦軸と横軸の役割は，地域の特性に応じて担う機関が変わることがあることも理解しておく必要があり，柔軟に対応できる力が求められている。

> **ズバリ!!** 相談支援は，本人の意思を中心とした生活（命・暮らし・生きざま）を支援する！

コラム　意欲喚起

　地域移行・地域定着に向けた支援を行う際，退院に消極的な方にお会いすることが多いと思いますが，皆さんはどのようにかかわっているでしょうか。「私たちがサポートしますから，がんばりましょう」と励ますことは皆さんしているでしょう。入院が長期にわたる方は，それではなかなか退院に向けて動かないことが多いですね。一緒に2年先，5年先の生活をイメージしてみるのも有効な方法です。また，ピアの方がモデルとなって体験を伝えることも有効です。自分には何かをできる力があると思う力（自己効力感）を高めるには，励ましやモデルをみることのほかに，小さなことでも成功体験をもつことの効果が大きいといいます。この成功体験を積み重ねることが退院に向けてのステップになります。

　先日，地域移行の取り組みのひとつで，私の勤務するB型事業所で運営しているレストランを会場に，長期入院している方と病院スタッフ，相談支援専門員，ピアサポーター，保健師，精神保健ボランティア，行政の福祉課職員などが集まり，食事会を開催しました。そのときに来てくださった車いすに乗ったAさん，オムライスを召し上がられ，「とても美味しかった。病院ではこんなおいしいもの食べられないからね」と笑顔で話されました。私は「退院すればいつでも来られますよ」と伝えましたが，「私は，頭は大丈夫なの。足が悪くて退院できないの。薬漬けにされてこうなったのよ」と足を指さして曇った表情をされ，「足を治すのに2, 3年はかかりそうだから，退院は当分先ね」と話されました。このAさん，実はゆっくりとなら歩くことができるそうです。10年以上入院されていて，最近では病棟から外に出ようとされなかったのですが，病棟に貼ってあったこの食事会のポスターを見て，自分から「これに参加してみたい」とおっしゃったそうです。

　長期入院から退院に向かう方は，当然のことですが退院が目標ではありません。退院はプロセスで，その先の地域生活があり，その地域生活のなかで，本来入院していなかったらできていたはずのことを実現したり，新たな目標に向けて取り組んだりします。その生活に希望を持てなかったり，大きな不安があれば，退院というプロセスになかなか向かえません。Aさんは，その生活においしいものを食べるという希望を持てたかもしれません。でもまだそれを上回る不安があるのでしょう。どのような形であっても，そのきっかけづくりがまず必要です。出会い，声かけ，モデル，食事，買い物……そのきっかけを自分で作ることが難しくなってしまった方々に対して，ひとつでも多くきっかけを作ることもわれわれのできることです。

　さて，Aさんが足を理由にする期間が短くなるような次の一手をどうするか，皆でアイデアを出し合ってみます。

II-6 市町村（自立支援）協議会の役割

［協議会と市町村の役割］
● 2012（平成24）年の障害者自立支援法（現・障害者総合支援法）の一部改正により，障害福祉サービスを利用するすべての方にサービス等利用計画の作成が必要となった。また，（自立支援）協議会は各自治体における設置の促進や活性化を図るために法定化された。それらにより，障害者やその家族のニーズを把握して，地域生活での課題解決に向けて（自立支援）協議会での検討が各地で行われている。
● 精神科病院に長期入院している住民はどうだろう。地域相談支援を含めて障害福祉サービスや地域の社会資源を活用して地域で生活できることの情報（特に住所地の社会資源の詳細）が本人に届いていない現状がある。
●「障害者の日常生活及び社会生活を総合的に支援するための法律」（以下，総合支援法）第2条には市町村の責務が明記されている。「2. 障害者等の福祉に関し，必要な情報の提供を行い，並びに相談に応じ，必要な調査及び指導を行い，並びにこれらに付随する業務を行うこと」「3. 意思疎通について支援が必要な障害者等が障害福祉サービスを円滑に利用することができるよう必要な便宜を供与すること，（中略）その他障害者等の権利の擁護のために必要な援助を行うこと」とある。
● 市町村には，長期入院している住民にも情報提供を行い相談に応じてニーズの把握と意思決定支援を行う責務がある。

［協議会の活用］
● 市町村は，精神科医療機関に長期入院している住民がどこに何人いるか把握することはできなかった。2017（平成29）年度から厚労省が実施している「精神保健福祉資料」，いわゆる「630調査」において，市町村ごとの1年以上入院者の人数（その内の65歳以上の人数も）が公表され，市町村も把握することが可能となった。
● 今後は，「長期入院している〇〇人の住民への情報提供とニーズ把握を市町村としてどのように実施していくか」という地域課題（あらゆる人が共生できる包摂的（インクルーシブ）な社会の構築を目指すうえでの課題）を（自立支援）協議会の議論の俎上に載せることができる（図1）。
● 市町村は，「第5期障害福祉計画の基本指針」に基づき，「精神障害にも対応した地域包括ケアシステムの構築」とその目標値を設定している。市町村ごと（さらに圏域ごと（図2））に保健，医療，福祉関係者による協議の場の設置が示されている。ここで示されている協議の場と（自立支援）協議会との連動性を明確にする必要がある。市町村においては通常，（自立支援）協議会にこの協議の場を位置づけることになるのだが，この計画の目標値をどのように実現していくのかはきわめて重要な検討課題となる。
● 長期入院している住民への地域移行に向けたさまざまな実践こそ，市町村が目指す共生社会の実現にむけた道標となろう。

ズバリ!! 協議会を活用して長期入院者の状況を把握しよう！

（自立支援）協議会

[図1] 地域課題と（自立支援）協議会

[図2] （自立支援）協議会と圏域

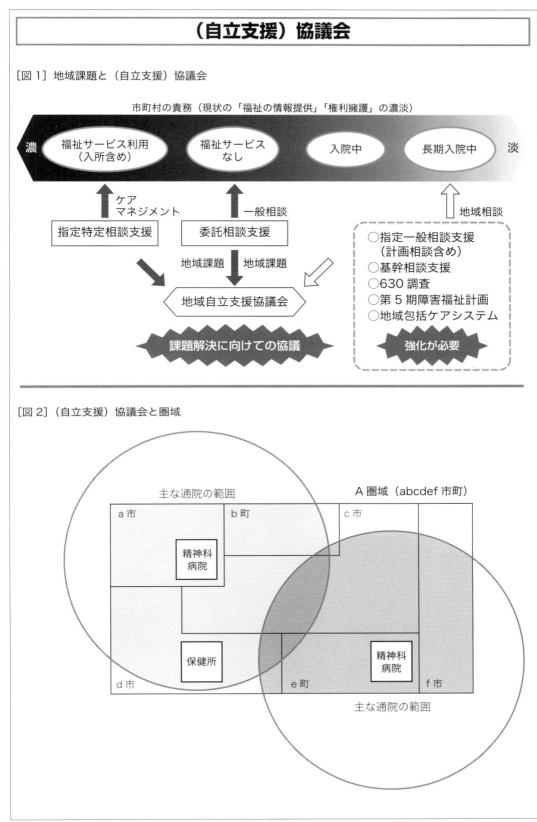

II-7 基幹相談支援センターと地域生活支援拠点の機能

［基幹相談支援センターと地域生活支援拠点の機能］
●基幹相談支援センターは，障害者総合支援法77条の２（基幹相談支援センター）に定められている。基幹相談支援センターは，2017（平成29）年４月の時点で1,741市町村のうち518市町村（30％）の設置率という状況である。市町村が単独で設置，複数市町村が共同で設置している場合もあり，運営方法も，社会福祉法人等に委託，複数の法人が合同で運営，もしくは市町村の職員により運営などさまざまである。
●基幹相談支援センターが担う役割は打ち出されているが，こうした運営状況のなかで，本来の業務が担えない基幹相談支援センターがあることも事実である。
●地域生活支援拠点等は，障害者の重度化・高齢化や「親なき後」を見据え，障害者の生活を地域全体で支えるため，居住支援のためのサービス提供体制を，地域の実情に応じて整備するものである。第５期障害福祉計画（2018（平成30）年度〜2020（平成32）年度）では，2020（平成32）年度末までに「各市町村又は各障害保健福祉圏域に少なくとも１か所の整備」を基本としている。2017（平成29）年９月時点では，42市町村，11圏域で整備済みの状況である。
●地域生活支援拠点等の機能強化のために，2018（平成30）年４月の平成30年度障害福祉サービス等報酬改定で，「相談支援の強化」「緊急時の受入れ・対応の機能の強化」「体験の機会・場の機能の強化」「専門的人材の確保・養成の機能の強化」「地域の体制づくりの機能の強化」などを新たに加算等により評価することとした。

［地域移行を切り口に２つの機能の明確化と強化を］
●地域移行を進めるうえで，「基幹相談支援センターの４つの業務」と「地域生活支援拠点の機能」（次ページ参照）は極めて重要な整備ポイントである。
●精神科病院に長期に入院している場合，退院後の生活にさまざまな不安を抱えているが，地域生活支援拠点の「②体験の機会・場」があると，体験宿泊や日中の通所先事業所への体験参加などを経験でき，具体的な生活のイメージができ，地域で暮らす自信を取り戻すことができる。
●地域生活支援拠点の「①相談」があることで，退院後に本人が困ったときや本人にとっての一大事のときに相談が可能となる。そして自宅から離れて少しクールダウンしたいときには，地域生活支援拠点の「③緊急時の受入れ・対応」によって，緊急時のショートステイを使い入院しないで危機的な状況を回避することができる。
●地域生活支援拠点等の整備にあたっては，「④専門性」，「⑤地域の体制づくり」は，基幹相談センターの業務「(2)地域の相談支援体制の強化」と「(3)地域移行・地域定着の促進の取組」と重なる部分である。地域移行を切り口とすることで，基幹相談センターの役割と地域生活支援拠点の機能は，自ずと明確になる。

ズバリ!! 地域移行を切り口に，基幹相談支援センターと地域生活支援拠点の役割がみえる！

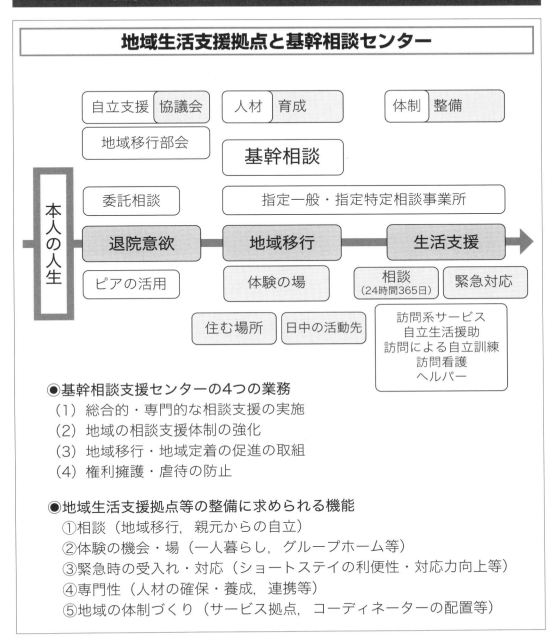

●基幹相談支援センターの4つの業務
 (1) 総合的・専門的な相談支援の実施
 (2) 地域の相談支援体制の強化
 (3) 地域移行・地域定着の促進の取組
 (4) 権利擁護・虐待の防止

●地域生活支援拠点等の整備に求められる機能
 ①相談（地域移行，親元からの自立）
 ②体験の機会・場（一人暮らし，グループホーム等）
 ③緊急時の受入れ・対応（ショートステイの利便性・対応力向上等）
 ④専門性（人材の確保・養成，連携等）
 ⑤地域の体制づくり（サービス拠点，コーディネーターの配置等）

Ⅱ 「精神障害にも対応した地域包括ケアシステム」のための共有事項●地域移行支援・地域定着支援・自立生活援助を進めるために

|Ⅱ-8| 相談支援専門員・地域生活支援員と介護支援専門員との連携

[介護支援専門員の役割]
●介護保険法による介護支援専門員は，要介護者または要支援者（以下，利用者とする）からの相談に応じ，利用者がその心身の状態等に応じて適切なサービスが受けられるよう，市町村，サービス提供事業者との連携調整を行う者であって，利用者が自立した日常生活を営むのに必要な援助に関する専門知識及び技術を有するものである。
●介護保険制度では，保険給付の対象者である利用者に対して，個々の利用者の解決すべき課題や状態に即した「利用者本位の介護サービス」が適切かつ効果的に提供されるよう調整を行うことが重要な役割である。障害福祉サービス利用者が65歳に達すると介護保険が優先となるため，介護認定を受け，要支援または要介護状態となれば，介護保険にあるサービスは優先的に介護保険で受けなければならない。

[介護支援専門員との連携]
●相談支援専門員，地域生活支援員が介護支援専門員との連携が必要な場合は大きく2つに分けられる。
　①精神科病院からの退院時やグループホームから単身生活を始める時に65歳以上である場合。
　②障害福祉サービスから介護サービスへの移行時を環境の変化ととらえた場合。
　いずれにしても環境の変化に伴う不安が強い，もしくは新しい環境に慣れるのに時間がかかる場合である。
●介護支援専門員は介護に関しての知識は十分あるが，障害特性等に関する知識は充分とはいえない。また，環境の変化になかなか対応できない精神障害者にとっては，相談支援専門員から介護支援専門員に代わることで不安が高まり，精神的に不安定になることもありうる。
●自立生活援助を活用する場合，自立生活援助の地域生活支援員は，利用者にとって安心できる存在として，利用者と介護支援専門員をつなぐ役割も持つ。利用者の気持ちをしっかり聴いてときに代弁し，介護支援専門員に利用者のことを理解してもらうために一緒に関わることも重要になる。
●利用者のペースに合わせることが重要で，急激な変化を避けるよう柔軟な対応が望まれ，介護支援専門員のモニタリング時には同席したりしながら，関係性の構築に一役担う。また，介護支援専門員に，利用者の特性から「どのような人やサービスが合うのか」などの情報提供をすると同時に，利用者の希望や夢なども利用者自身が介護支援専門員に言えるように働きかけることも必要である。
　＊精神障害者の訪問看護は，65歳以上であっても介護保険のサービスではなく，医療サービスとして受けることができるということを知っておいて，情報提供することも必要である。

ズバリ!! 本人の夢と希望，生活の様子を介護支援専門員につなげていく！

介護支援専門員との連携

```
相談支援専門員          65歳        介護支援専門員
障害福祉サービス    ──────→    介護サービス
```

介護サービスへの移行を視野に入れた工夫が必要　64歳　66歳　介護サービスにない支援の必要性がある場合の工夫が必要

時間を共有し一緒に考える
相談しあえる関係作り
支援体制の変化は緩やかに

ケースによってはダブルケアマネの必要性も（行政と一緒に検討）

自立生活援助 →

相談支援専門員から介護支援専門員への変更
障害福祉サービスから介護サービスへの変更　｝　環境の変化への対応　丁寧なつなぎ

コラム　**医療観察法について**

　医療観察法と聞くと，重大な犯罪を犯した障害者というイメージが強いかもしれません。確かにそうなのですが，実際にお会いしてみると，ほかの障害福祉サービスを利用されている方と何ら変わりありません。もっと怒りっぽかったり，派手にトラブルを起こす方はいっぱいおられます。わが国で，もっとも手厚い精神科医療体制の整った病棟で，多職種によるチーム医療を受け，社会復帰調整官によって退院への道筋をつけられた方たちは，一般の精神科病院から退院してくる方と見分けがつきません。しかし，自らが犯した事件について，なかったことにされているのではなく，入院中に事件と向き合う時間をもち，自分を見つめ直す作業もされています。平成30年度の障害福祉サービス報酬改定で，通所施設に「社会生活支援特別加算」が創設されました。今までは，入所施設やグループホームに報酬がついていましたが，通所施設で受け入れが進まない現状からとられた対策です。精神障害者支援に携わるわれわれは，「精神障害」についての偏見をなくす取り組みに力を注いでいます。それは，精神障害のある方たちが社会でもっと生きやすくなるためです。重大な犯罪を犯した精神障害者は二重の生きにくさを抱えています。そのことに向き合い，まさにリカバリーストーリーを歩き始めようとしている方への支援にわれわれが躊躇する理由はありません。「この国に生まれた不幸……」を増やしてはなりません。

II-9 相談支援専門員・地域生活支援員と訪問看護師との連携

[訪問看護の役割]
●訪問看護師の役割は，在宅医療の要として利用者宅を訪問し，利用者の希望や想いを聴くとともに，心身ともに健康に暮らすことができるように，心身状態の観察や症状アセスメント，服薬指導や生活支援・環境整備，家族調整等を行うことである。

[自立生活援助事業者と訪問看護師との連携]
●自立生活援助の対象者は，環境の変化により不安が強くなっている状態の人が多いと考えられるので，支援者同士が協力して，利用者の混乱を最小限にできるように働きかける必要がある。
●利用者を中心として役割分担をすることが必要になる。また，利用者が混乱しないようにわかりやすい言葉で説明し，相互理解を図ることが重要となる。訪問看護師は専門用語を意識せずに使ってしまう可能性が高いので，自立生活援助事業者は，利用者のわかりにくさを代弁することも必要である。連携の中では，誰もがわかる話をすることも重要なことである。
●医療職も福祉職も同じ言語を使えるような関係性を作ることが連携の第一歩ともいえる。また，自立生活援助が始まると，アウトリーチによるサービスが一つ増えるイメージなので，支援者間でだれが何を役割として実践するのかを明確にする必要がある。
●例えば，金銭管理に不安がある人に，相談支援専門員も自立生活援助の地域生活支援員も日常生活自立支援事業者も訪問看護師も同じように「お金の使い方」について尋ねたりアドバイスしたりしたら利用者自身は余計に混乱してしまったり不安になる。多くの機関が関われば関わるほど，役割を明確にする必要がある。
●訪問看護師の役割には，心身両面の健康管理や服薬に関すること，医療に関すること，安心安全にくらすことを目的とした環境整備，生活歴から見える症状悪化のリスク管理等がある。この部分は訪問看護師に任せながら，ともに考える連携体制を作ることが，利用者が必要な医療を受けながら地域で安心して利用者自身が望む暮らしを創ることにつながっていく。

[クライシスプランもサービス等利用計画に取り入れる]
●精神障害者の地域支援は，人と人として関わることが最も重要なことである。利用者に関わる支援者全員がひとりの人として対等な関係で関わりながら，利用者がクライシスな状態になったときに思い浮かぶ存在になることが望まれる。
●クライシスプランもサービス等利用計画の中に明記すると同時に訪問看護師の役割も明記して，利用者を中心としたチームの仲間として訪問看護師と連携して支援を行う。

ズバリ!! 医療と福祉の明確化と共通言語をもつこと。

訪問看護師との連携

マズローの欲求の段階に基づいた役割分担例

リカバリーを支援する
その人らしい暮らし（人生）の実現
→ 自己実現の欲求／承認の欲求／社会的欲求

安全に暮らす
この部分が揺らいでいると暮らしがうまくいかない
→ 安全の欲求／生理的欲求

空気・水・食物・庇護・睡眠・性（不安材料の例）
- ご飯が食べられないかも……
- 自分の大切なものを守れないかも……（どうしたら守れるかを考えてやってみる）
- 眠れない……（薬の自己管理・眠れないときの対処法）
- 自分の生活空間を確保したい……（自分の部屋・自分が安心できる場所の確保）
- 住環境が整っていてほしい（水道が使えるようになど）

訪問看護でできること
症状観察と対処方法の提案
服薬自己管理支援（声掛けと観察）
眠れない時の対処法を一緒にやってみる（手浴・足浴など）
食事で困っていることの具体的な相談（栄養学に基づいて）
できないことを一緒にやってみる（症状を考慮した提案）
➡見守る➡自律に向けて

自立生活援助でできること
服薬の声掛け
食事の調達方法を提案
食べやすいものを考える
環境整備（自分らしい生活空間を作る）
どうしたらできるかを一緒に考える

安心・安全（不安材料の例）
- 生を脅かされない（危険をいかに回避し安全を確保するか）
- 安全に暮らせる場所の確保（鍵の使い方・他者から脅かされないことの確認・困ったときの相談場所や相談方法の確認・安全に暮らすための方法の確認（ガスの使い方など））
- 危険にさらされない状況（病気の症状や薬とのつき合い方も含む）
- 経済的な安心（経済状況の確認・利用できる制度とのマッチング）
- 逃げ場の確保（自分を守ってくれる場所や人）

訪問看護でできること
心配事などへの具体的な関わり
相談できる相手になる・必要時の危機介入
相談する手段を考え練習する
疾患や障害理解を深める（観察含む）
症状への関わり・生活のしづらさへの関わり
服薬指導（副作用への関わり・飲み心地の確認）
自分でできる対処法を一緒に考えておく
経済的な側面の具体的な関わり

自立生活援助でできること
鍵の管理方法や戸締り方法の確認
相談できる相手を作る（繋げる）
相談する手段を考え練習する（電話・メール・FAX・出かける・来てもらう）
疾患や障害理解を深める（自分でできる対処法を一緒に考えておく）
経済的な支援につなげる

II-10 ピアサポート

[ピアサポートとは]
- 「ピア」とは同等、対等という意味でそこから同じような経験をした人、障害者同士で支え合うことをピアサポートいう。
- 精神障害者は病気になったことで、それまでの人との関係が途切れてしまうことが往々にして起こりうる。自己肯定感が下がってしまい否定的な気持ちになり、人との関係においても消極的になりやすい。自分の中にスティグマを抱えてしまう。
- ピアとの出会い、関係性において自信を取り戻すことで、人との関係が再構築される。目に見えない壁があるように感じられていた人との関係が、同じような経験をした人との間には感じられない感覚、安心感や共感性によって、ありのままでいても大丈夫だと実感できることで、自分自身に対する肯定感を取り戻すことができる。

[リカバリー]
- リカバリーとは、そのまま訳すと「回復」という意味である。パソコンのリカバリーはトラブルが起こる前の状態に復元することをいうが、精神障害者のリカバリーは元の状態に戻る、いわゆる病気になる前の状態に戻るという意味ではない。
- リカバリーとは精神障害者が喪失しかけた自分の人生をとり戻す過程であり、病気や症状がなくなることではない。人生を取り戻す過程は、一人ではなく人との出会い、かかわりが必要であり、互いに影響し合う相互作用によってもたらされる。この過程は直線的ではなく、螺旋状のような経過をたどることが多い。

[多様なピアサポート]
- ピアサポートにはいろいろな形がある。ここでは便宜的に3つに分類する。
  ① ベースとなるピアサポートは日常的な仲間活動としてのピアサポート。地域活動支援センターやデイケアなどで、自然な形のコミュニケーションや活動を一緒にするサポートを意味する。リカバリーには、このピアサポートが環境として整えられていることが大切である。
  ② 社会活動としてのピアサポート。体験談（リカバリーストーリー）発表や当事者会活動で、社会に働きかけることもピアサポートに位置付けられる。啓発活動は直接的なピアサポートというよりは、間接的なピアサポートになる。
  ③ 役割を持ったピアサポート。サービス提供者、支援者としてのピアサポートを指す。病気、あるいは障害の自らの経験を支援に活かし、リカバリー志向へと導く。地域移行支援のピアサポーターは、長期入院患者に対しての退院意欲喚起から地域移行支援サービス利用につなげる。自立生活援助のピアサポーターは、サービス等利用計画書にピアサポーターの役割を明記することにより支援の根拠を明確化する。

ズバリ!! ピアサポーターとの出会いで一歩踏み出す勇気が得られる

ピアサポート

ピアサポートとリカバリー
自分の人生を取り戻す
一直線ではない過程こそがリカバリー

● 促進要因…退院／服薬調整／自己管理／主体性の獲得／役割意識／自己肯定感／自己受容／ピアとの出会いと関わり／居場所／安心感／自尊心の回復／地域生活／就労／新たな価値の発見

意義ある人生の目標を達成すること

● 阻害要因…入院／病識のなさ／症状／副作用／主体性の放棄／セルフスティグマ／自己否定／自尊心の低下／孤立／絶望／再発／社会の偏見

障害 → 喪失 → 人生・生活・自尊心／機能 → 受容

ピアサポート
人との関係性を取り戻す ⇒ 自分自身を取り戻す

ピアサポートの活動と役割

仲間活動
- コミュニケーションを大切にした日常的なピアサポート
- 当事者同士の交流など

社会活動
- 自らの体験を生かした社会活動
- 啓発活動・福祉教育・体験発表・など

役割活動
- 関係性を生かしてピアスタッフとして働くこと
- 支援者としての役割を持ったピアサポート

仲間活動・社会活動・役割活動
- この3つの活動に上下はない。
- 自分にあった活動を選択する。
- 日常的な仲間活動を経験していることが重要。

役割活動

地域活動支援センター等のスタッフ
- ピアサポートの専門スキルを学んで仕事に活かす。

相談支援事業所・就労支援事業所等のスタッフ
- ピアサポートの専門スキル＋相談支援・就労支援スキルを学んで仕事に活かす。

地域移行・定着ピアサポーター

自立生活援助ピアサポーター

就労定着支援ピアサポーター

- ピアとして寄り添う支援を基本に据える。
- 多様な働き方がある。
- 雇用＝正職員ありきではない。
  （①役割がわかりやすい／②短時間雇用が可能／③特性を生かすことができる）

コラム　私の経験

　私は現在雇用されてピアサポートの仕事に従事している。精神障害者である私は約15年前まで引きこもりであった。発症してから精神疾患であることをなかなか受け入れられず，クリニックへの通院以外に通所するところはなく，家に居る状態が続いた。そんな生活を続けているうちに，生活のリズムが乱れ昼夜逆転した生活になってしまった。かろうじてクリニックへの通院は継続していた。

　精神障害者地域生活支援センター（以下，センター）との出会いによって大きく変わった。通院医療費公費負担制度（現在の自立支援医療）の申請が保健所から市町村の福祉課へ変わり，センターのことはそこの職員の人から教えてもらった。その頃には家に居ること自体限界であったし，センターが家から近かったこともあって思い切って行ってみることにした。

　それまでは，世の中で自分が一番不幸だと思い，どうにもならない絶望感にさいなまれていた。そんな自分がセンターで一緒になった仲間とのかかわりによって，独りよがりな思いや考えが改まった。そして，苦しんでいるのは自分だけではないこと，ひとりぼっちではないことを実感することができた。

　センターの活動の一環として参加した精神障害者ソフトバレーボールの経験は，自分をもう一度信じてみようと思わせてくれた。はじめはなかなか人数が集まらなかったが，地域のほかの生活支援センターと広域でのクラブチームになり，人が集まりはじめた。精神保健ボランティアでバレーボール経験者の方が監督を引き受けて下さり，競技スポーツとして指導していただいたことで，全国障害者スポーツ大会に出場することもできた。

　競技スポーツの良さは勝ち負けがはっきりしていて，勝ったらうれしいし負けたら悔しいという当たり前のことを体感できることである。

　チームメイトが仕事を始めて，自分も働きたいんだと言ったら，会社に話をしてくれて仕事に就くことができた。それまで働くことに自分自身で高いハードルを課してしまっていたが，チームメイトと一緒に働くことで今のままでも大丈夫であることを知った。

　私は同じような経験をした人とのかかわりを通して，自分自身の病気や障害を受容することができるようになった。センターで出会った仲間やソフトバレーボールのチームメイトたちのおかげで今の自分がいると思っている。その下支えをしてくれていたのはバレーボールの監督やコーチ，センターの専門職の方々であった。

　何よりもセンターでは，私が利用者であった頃より当事者の主体性を大切にして，当事者中心の支援が実践されていた。この環境設定を行ったのは専門職の方々であり，そのような基盤がピアサポートには必要である。私はピアサポートスタッフ（現在は地域活動支援センターの管理者）になって11年目になるが，こうした環境設定があってこそピアサポーターとしての職員が存在意義を認められると考えている。

　私は自分の経験から，病気や障害があっても人は変わることができるし，人生捨てたもんじゃないと実感した。

　今，支援者として，「自分ができたのならほかの人も必ずできる」をモットーにしている。

III

サービスの概要と導入の心得

◉地域移行支援・地域定着支援・自立生活援助

III-1｜地域移行支援（サービスの概要）
　　　　《地域移行支援》導入の心得
III-2｜地域定着支援（サービスの概要）
　　　　《地域定着支援》導入の心得
III-3｜自立生活援助（サービスの概要）
　　　　《自立生活援助》導入の心得
III-4｜事務処理要領の読み解き方

III-1 地域移行支援

[サービスの概要]
　障害者支援施設等に入所している障害者又は精神科病院に入院している精神障害者等に対して，利用者が地域において自立した日常生活又は社会生活を営むことができるよう，当該利用者につき，住居の確保その他の地域生活に移行するための活動に関する相談その他の必要な支援を行う。
（参照｜平成 24 年厚生労働省令第 27 号（以下，地域相談支援基準）第 2 条）

[サービス内容]
●地域移行支援計画の作成
●住居の確保
●地域における生活に移行するための活動に関する相談
●外出の際の同行
●障害福祉サービス（生活介護，自立訓練，就労移行支援及び就労継続支援に限る）の体験的な利用支援，体験的な宿泊支援
●その他の必要な支援

　なお，その提供するに当たっては，概ね週に 1 回以上，利用者との対面により行う。
（参照｜平成 24 年厚生労働省令第 27 号（以下，地域相談支援基準）第 21 条 1 項，2 項）

[対象者]
①障害者支援施設，のぞみの園又は療養介護を行う病院に入所している障害者
②精神科病院に入院している精神障害者
③救護施設又は更生施設に入所している障害者
④刑事施設（刑務所，少年刑務所，拘置所），少年院に収容されている障害者
⑤更生保護施設に入所している障害者又は自立更生促進センター，就業支援センター若しくは自立準備ホームに宿泊している障害者
（参照｜障害者総合支援法施行規則第 6 条の 11 の 2）

[報酬を算定できない場合]
①地域移行支援計画の作成（地域相談支援基準第 20 条）
②利用者への対面による支援を 1 月に 2 日以上行う（地域相談支援報酬告示第 1 の 1 の注 2）
　の上記の基準のいずれかを満たさない場合には算定できない。

《地域移行支援》導入の心得

[地域移行支援導入前①]

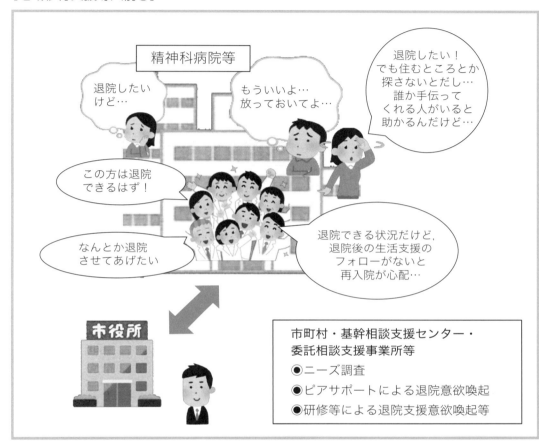

●長く入院している人たちのなかで、地域移行支援という障害福祉サービスを知っていて、自ら病棟職員や入院前の市町村に連絡して、「私は退院したいです。そのために地域移行支援を利用したいので、認定調査を行って、サービス等利用計画を作成する申請を手伝ってください！」と言える人は皆無である。

●多くの人は、「退院はしたいけど……」の「……」に、「住むところがない」とか「周りに迷惑かけてしまうのでは……」、「周囲に反対されているから……」といった、表現しづらい複雑な気持ちを抱えている。また、そのような経過が長くなりすぎて、「もう放っておいてほしい……」となっている人もいる。理由もなく「退院したくない」と言う人はいない。支援者がそういった人たちを「退院意欲のない人たち」と決めつけてしまってはいないだろうか？

●病棟の職員は、「住むところさえみつかれば退院できる」とか、そのためにも入院中から地元の支援者と繋がる方法はないだろうか、などと考えている。市町村によっては、病

院ごとの入院者数やその方たちの状態がわからず，どう取り組んでいいかわからず動けないといった声も聞かれることから，医療機関から積極的に市町村へ働きかけることも重要なポイントとなる。
●地域移行支援は障害福祉サービスなので，本人の利用申請の意思が必要となるが，むしろその段階まで進めていくことに困難を感じている関係者も多い。医療機関が地域移行支援導入前に取り組めることの例として以下のようなことがある。

[地域移行支援申請前に病院が相談できるところ]
●市町村，保健所，基幹相談支援センター，委託相談支援事業所，地域包括支援センター等の自治体の責務で行っている相談支援窓口

[院内で取り組む入院中の方に対する退院の意欲喚起]
　　□退院の方針，方向性を出し，本人に伝えること
　　□病棟スタッフによる声かけ，地域移行支援プログラムなど
　　□外部からのピアサポート活動導入によるグループ活動，個別支援など

[市町村や相談支援事業所が医療機関と連携して実効性のある地域移行支援を進めるうえで，並行して取り組んでおきたいこと]
　　□ニーズ調査／ピアサポーター養成／一般相談支援事業所の拡充
　　□委託相談，基幹相談支援センターなどの充実
　　□研修その他による支援者に対する退院支援意欲の喚起……などなど

[地域移行支援導入前②]

●病棟での地域移行支援プログラムや制度説明，ピア活動など院内外からのさまざまなアプローチを行うなかで，本人が「退院に向けて手伝ってくれる人たちがいるならお願いしたい」と思った時点が，地域移行支援を導入する時期となる。

●入院前の市町村の窓口にその旨を連絡することになるが,いきなり「サービスを導入するので,すぐに病院に来て認定調査を実施してほしい」と要求してしまうと,連絡を受けた行政機関の担当者も対応しきれないことがある。まずは地域移行支援の導入を検討していることを担当者と「相談」することから始める。慣れている病院の担当者は,この段階になる前から市町村に「地域移行支援を導入できればと思って,病棟内でいろいろ本人にアプローチを始めています」といった事前の連絡を入れている。

[地域移行支援導入前ケア会議]

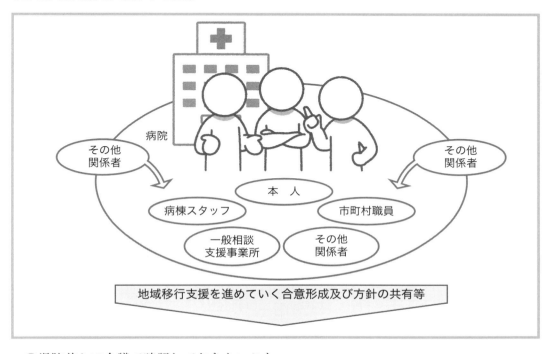

●退院前ケア会議で確認しておきたいこと
□本人の希望や心配ごと
□病棟の見立て
□本人への地域移行支援の概要説明(この時点でまだであれば)
□病棟との「スピード感」の共有(大きく下記2パターン)
　　□「住まいさえ見つかれば退院できるのでどんどん進めて欲しい!」
　　□「服薬調整など病棟内での退院準備と並行して進めている状況なので,進めるスピードを病棟と密に共有しながら進めて欲しい」
□本人を含めた支援チームのこの時点での退院先の方向性や方針の共有
□その他必要なこと
＊会議後に認定調査の実施,申請書類作成,各種契約手続きを行う場合もある。(入院前住所地と病院が遠方の場合など)
＊ケア会議前に本人と相談支援専門員が顔合わせや関係づくりをすでに始めていたり,認定調査や制度説明をしたりしている場合もある。

[地域移行支援導入時]

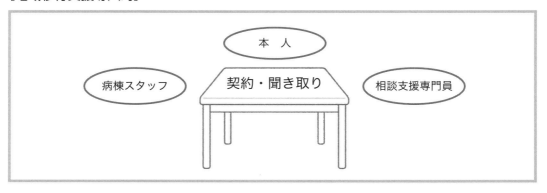

●本人と病棟，相談支援事業所が，本人の同意のもと基本情報を共有して，本人の意向を中心に据えたサービス等利用計画，地域移行支援計画を作成する。

[基本情報について]
●相談支援事業所は病棟からも情報提供を受ける。「サービス等利用計画」を作成する際の基本情報シートに病棟から一部書き込んでもらう場合や，病棟からサマリーを受け取るなどいくつかの方法があるが，情報をもらう前に病棟に「提供された情報は各種計画作成時に本人と共有することになる」旨を伝えておく。

[サービス等利用計画（計画相談支援）]
●この時点で利用できるサービスは地域移行支援のみなので簡潔なものになる。ただし，「本人の将来の生活の意向」に関しては重要なポイントであることを意識して聴き取る。
●しかし，この時点の希望は，退院前や退院後に変わることがあるので，「変わっていいし，変わって当然♪」という気持ちで柔軟に受けとめること。そのことを話してくれたことに感謝の意を表す。長年の入院で退院後の希望が出づらい方には，「2，3年後にどこでどんな暮らしをしてきたいか」と訊いてみるのもひとつの方法である。
●入院中にはうまく希望を表現できない人もたくさんいる。その人たちが退院後密かに持っていた希望や新たに生まれた希望を教えてくださるときがいつか来る。本人が話してみる気になってもらうための関係づくりを重視する。

[地域移行支援計画]
●一般相談支援事業所は，自らが支援する内容だけを書き込むのではなく，同時に支援してくれている病棟や行政機関などの支援も書き込む。最初の作成時点で聞き取れていない場合には，支援を実施しながら各機関の取り組みを踏まえて，支援計画をブラッシュアップする。

[地域移行支援]
●地域移行支援を実施する場は大きく分けると「院内」と「院外」がある。

院内｜院内では面接がほとんどで，必要に応じて病棟カンファレンスへの参加やケア会議を開催する。面接は，地域移行の対象となる人が，「支援員と一緒に外出してもいい」と思ってもらうための関係づくりを，聴き取りを通して行う。

院外｜対象者の入院の状況によってさまざまであるが，住まいさえ見つかれば退院できるような状況の人であれば，いきなり不動産業者回りやグループホーム見学から始まる人もいる。関係づくりに時間がかかる人の場合は，一緒に昼食を摂ること，食後に喫茶店に行くことなどから始まる場合もある。また，出かけたいけど，お金が気になって外出を拒否される人，長年の入院で実は視力がひどく低下していて院外に出るのが怖い，歯がなくて食事が楽しめないから外出を拒否している，などの場合もある。外出に消極的な場合には，焦らず，なぜ出たくないのか教えてもうらことも大切な関係づくりの一つとなる。

＊本人の様子，公共交通機関の利用の仕方，随所にあるお金の支払いなど，外出支援は退院後の本人の生活支援の必要性をアセスメントする上できわめて重要な場面となる。

ズバリ!! 地域移行支援は本人含めたチーム支援で行う！
医療も福祉も行政も「丸投げ」と「暴走」をしないこと！

［退院前の準備］

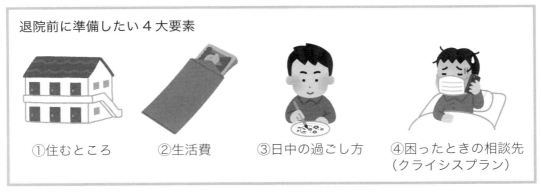

●本人の退院後の生活の希望や不安，また住まい探しなどで行動を共にした際の生活アセスメントを基に，その方にとって必要な生活支援はどのようなことかを考え準備していくことになる。

①**住むところ**｜退院先としての住まいが決まった後は，
　□電気・ガス・水道など退院したらすぐ使える状況になっているか
　□料金の支払い方法は
　□家具などは暮らし始めることができる程度には揃っているか
　□必要があれば退院前に，退院先の住まいで外泊および外泊中に訪問して様子や本人の困りごとがないかなど確認

②**生活費**｜入院中と大きく変わることがある。
　□収入の確認（年金＋生活保護，退院後生活保護を申請，生活保護，親の仕送り等）
　□収入から見て，1日の生活費がどれくらいになるか本人と確認

③**日中の過ごし方**｜「必ず毎日どこかに通う必要がある」ということではない。義務づけるのではなく，本人が「行く場所がないから家にいる」のではなく，「行こうと思えば行けるところがあるが，今日はたまたま行かない」というような選択ができる状況にあるかどうかが重要である。なかには，最初はある程度の枠組みがある方が通いやすい，という人もいる。本人や病棟と話し合い，本人にとって最善の方法を準備することが重要である。

④**困ったときの相談先（クライシスプラン）**｜本人は困ったときに相談することができる人なのか，もしくは，遠慮してしまって自分から相談することが苦手な人なのかといった傾向を共有する。相談内容によって受ける機関が違う場合には，本人や退院後の支援チームで共有しておく必要がある。

［退院前ケア会議］

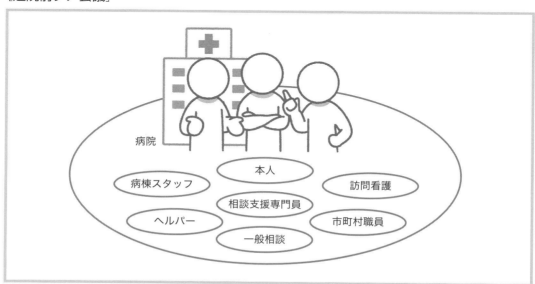

●退院前ケア会議で確認しておきたいこと
　□退院後の本人の生活の希望
　□週間スケジュール
　□通院先医療機関と退院後の最初の通院日
　□通院先の頻度と曜日等
　□通所先があれば頻度や曜日等
　□在宅支援があれば頻度や曜日等
　□その他サービス等の利用があれば頻度や曜日等
　□クライシスプラン
　□本人にとっての調子の悪い時のサイン
　□病棟から見た調子の悪い時のサイン
　□これらに支援チームが気づいた時に本人に声かけをしていくこと
　□本人に伝えてからが基本だが，緊急時と判断した際にこのケア会議参加メンバーで
　　連絡しあい，情報を共有して支援していくことの本人の許可
　□本人が困ったとき，困った内容によってそれぞれ相談できる機関と連絡先の一覧
　　（必要によっては連絡順や連絡網の作成）
　□その他，その方にとって必要な確認事項など
　□その他，ご家族にとって必要な確認事項など
　　＊その他，会議の進行は誰がするのか，資料の準備など会議の事前準備を病棟の担
　　　当者や相談支援専門員とで密に連絡を取りながら会議に望むことが重要となる。

［退院後の生活支援］
●言うまでもないが，退院＝ゴールではない。退院して生活が始まると新たな将来の希望が出てきたり，退院前には想定していなかったような生活のしづらさが出てきたりすることがある。退院後も，計画相談支援のモニタリングや通所先での様子，在宅支援を担当してくださる方たちからの本人のストレングスや生活のしづらさといったことを，本人からの聴き取りとあわせて幅広く共有していくことが重要となる。
●退院後の生活支援の計画の中に，通所や居宅介護や訪問看護の在宅支援以外にも，自立生活援助や地域定着支援の利用も視野に入れながら，「人の生活や希望や困難さは常に変化していって当然のこと」と意識しておく。
●「精神障害にも対応した地域包括ケアシステムの構築」に向けて，これらのプロセスの中で気がついたその市町村の支援力や課題を積極的に協議の場等で発信していく姿勢も支援者には求められている。

ズバリ！　地域移行支援を重ねていくと街の強みも課題も見えてくる！

例｜退院後｜遠方の病院から住み慣れた街に戻るために地域移行支援を利用して退院されたQさん（67歳／男性）の今の生活

病気になったら……
医療
病院
急性期，回復期，慢性期

日常の医療
精神科クリニック
整形外科訪問（身体リハビリ）

（障害福祉サービス）
・就労継続支援B型
・地域活動支援センター

介護・訓練等の支援が必要になったら……
障害福祉・介護

お困りごとはなんでも相談……
さまざまな相談窓口
・市生活保護部署
・市支給決定部署
・特定相談支援事業所

住まい
アパート単身生活

（介護保険サービス）
・ケアマネージャー
・居宅介護
・介護保険デイケア
（入浴・カラオケ等）

日常生活圏域
基本圏域（市町村）

ピアサポート活動（体験を発信）
（自分も仲間に支えられている）

ボランティア

Qさんを支えているストレングス
かつて働いていたという人生経験の誇り／住み慣れた街で暮らし続けたい！
人とお話しするのが好き♪／スポーツ観戦好き。東京オリンピックを楽しみにしている。

コラム　発達障害

　近年，発達障害という用語が一般的に使われるようになってきました。NHKの情報番組やNHKスペシャルでもとりあげられ，人気タレントが発達障害であることを公表したり，本を書いたりするなど，社会的な関心も高まっているようにみえます。筆者は非常勤でスクールソーシャルワーカーとして学校に携わっていますが，発達障害の疑いがある児童・生徒に学校や児童相談所などが受診を勧めた場合，保護者が拒否する場合と本人が拒否する場合とがあります。まだまだ「障害」という言葉に強いマイナスイメージがつきまとっていることを感じます。逆に「発達障害」という診断名がついたことで，「ホッとした」「なぜ自分がこうなのかわかってよかった」という感想を持つ人もいます。ここで，少し気になっていることがあります。発達障害は脳機能の一部に障害があるということはわかってきましたが，診察では脳の検査結果でなく，どのような言動をしているかをもって，発達障害であるか否かを診断されているわけです。そういう意味では統合失調症と似ています。しかし，発達障害は病名ではありませんので，「『発達障害』の診断がついた」という言い方にも不自然さを感じるのです。精神障害の場合も，「診断」と医療・福祉関係者が何気なく使っているのを耳にします。「診断がつく」という言い方だけでなく，医療・福祉関係者が使う用語は思った以上に社会的なイメージを作り出していて，実はそこに偏見を助長する一因があるように思えてならないのです。用語の使い方に，われわれはもっと気をつけなければならないのではないでしょうか。

III-2 地域定着支援

[サービスの概要]
　居宅において単身等で生活している障害者に，利用者が自立した日常生活又は社会生活を営むことができるよう，常時の連絡体制を確保し，障害の特性に起因して生じた緊急の事態等に相談やその他必要な支援を行う。
（参照｜平成24年厚生労働省令第27号（以下，地域相談支援基準）第39条）

[サービス内容]
常時の連絡体制を確保し，適宜居宅への訪問等を行い利用者の状況を把握
- 障害の特性に起因して生じた緊急の事態における相談等の支援
- 関係機関との連絡調整や一時的な滞在による支援
- 地域定着支援台帳の作成

[対象者]
以下の者のうち，地域生活を継続していくための常時の連絡体制の確保による緊急時等の支援体制が必要と見込まれる者。
① 居宅において単身で生活する障害者
② 居宅において同居している家族等が障害，疾病等のため，緊急時等の支援が見込まれない状況にある障害者
　※施設・病院からの退所・退院，家族との同居から一人暮らしに移行した者，地域生活が不安定な者も含む。
　※グループホーム，宿泊型自立訓練の入居者については，対象外。

[報酬を算定できない場合]
① 地域定着支援台帳の作成に係るアセスメントに当たっての利用者との面接等（地域相談支援基準 第42条第3項）
② 適宜の利用者の居宅への訪問等による状況把握（地域相談支援基準 第43条第2項）
　上記いずれかを満たさない場合には算定できない。

《地域定着支援》導入の心得

[地域定着支援の「緊急時」とは？]
●地域定着支援では，障害の特性に起因して生じた緊急の事態に支援を行うこととなるが，緊急の事態をどうとらえるかについては確認しておく必要がある。「緊急時」は支援者側がイメージする緊急の事態ではなく，あくまで地域で暮らしている障害のある当事者の，言ってみれば「一大事」に対して行う支援である。
●不安なことが頭をよぎると，すぐに関係機関に電話で問い合わせしてしまう利用者は多い。そういった用件は，支援者からみれば緊急の案件と判断できないこともある。しかし，ご本人にしてみれば「一大事」で，今すぐに解決したいと思っている。
●だからといって，地域定着支援は「24時間365日，夜間も電話かけ放題」の契約を結ぶものではない。夜間帯や緊急時に連絡の取れる体制を整備し，必要時に駆けつけるなどの対応を行う契約を結ぶこととなる。
●留意事項通知の「緊急時支援費の取り扱いについて」において，「①緊急時支援費に係る利用者の障害特性に起因して生じる緊急時の対応については，あらかじめ利用者又はその家族等との話し合いにより申し合わせておくこと」とあるように，まずは対話とかかわりを通して，ご本人にとってどんなことが一大事で，なにが原因なのか，今までどのように解決してきたのかなどのアセスメントを行う。事前にアセスメントをしっかり行っておけば支援のポイントもわかり，より効果的な助言や支援が可能になる。支援者は必要時には利用者の一大事に寄り添い，訪問や滞在により不安の軽減を支援する。

ズバリ‼　地域定着支援の「緊急時」は，「本人の一大事」と捉える！

[地域定着支援の体制を確保する]
●相談支援事業者が地域定着支援を始めるにあたり，「夜間の電話体制をとるのが不安だ」「職員が割けない」「出動が多くなった場合にどうすればよいか」などの不安の声があがることがある。しかし，地域で暮らすご本人の目線に立てば，安心感が得られる地域定着支援は重要なサービスとなる。地域定着支援も含め，地域の重層的な相談支援体制の整備が望まれている。

[日ごろの備えと「クライシスプラン」の作成]
●本人が一大事に陥ったときにどんな対応をすればよいかを事前に決めておく「クライシスプラン」の作成は，本人自身のもっている力を支え，支援者との間合いをつくるうえで有効である。準備をすることで一大事を避けることができる。例えば，「幻聴が聞こえてくるときは頓服を内服する」といった対応や，「自分でいらいらしているな，と感じることができたら，自分なりのストレス発散方法を試してみる」などをあらかじめ決めておくものである。

危険かな(ピンチかな)と思った時のクライシスプラン

利用者氏名｜霞が関太郎さん　　作成年月日｜平成30年○月×日

私の調子が悪くなる前のサイン	夜に眠れなくなってくる。

サインかなと思ったら……

私のすること	①気になることはなかったかを考えてみる。 ②気になることを紙に書きだしてみる。 ③解決方法を考えます。 ④今解決するか，明日まで待てるか考えます。 ⑤明日まで待てるなら，頓服を飲んで寝ます。 ⑥待てない場合は相談支援専門員の○○さんに相談します。
周りの人にしてほしいこと	相談支援専門員の○○さんに話を聴いてもらい，「大丈夫ですよ」と安心のメッセージを私に伝えて欲しい。
周りの人にしてほしくないこと	私の意見を聞かずに調子が悪いと決めつけないでほしい。

相談支援専門員｜○○さん　　連絡先｜××××××××
主治医｜○△先生　　連絡先｜××××××××
行政／福祉課｜○×さん　　連絡先｜××××××××
その他｜姉／○□さん　　連絡先｜××××××××

同意日
平成30年○月×日

●クライシスプランは支援者が本人とともに作る。一大事が起こるきっかけを探り，今後，同様のことが起こった際に，「本人自身がすること」「支援者にしてほしいこと」「支援者にしてほしくないこと」などを書面にまとめて作成する。一人ひとりのためのオリジナルのクライシスプランを作っていくことが必要である。

●日中の不安を持ち越すことなく夜を迎えるためには，相談支援事業所と日中の通所等事業所・デイケアなどが，モニタリングなどを通して，本人の支援の方向性，クライシスプランなどを共有しておくことも重要となる。

ズバリ!!　日頃のアセスメント＋クライシスプランの作成
＝１人じゃないという「安心感」!

III-3 自立生活援助

[サービスの概要]
　施設入所支援又は共同生活援助を受けていた障害者や単身の障害者等に対し，定期的な巡回訪問により，又は随時通報を受け，当該障害者からの相談に応じ，必要な情報の提供及び助言等の援助を行うことをいう。
（参照｜障害者総合支援法第5条の16）

[サービス内容]
　居宅において単身等で生活する障害者につき，定期的な巡回訪問又は随時通報を受けて行う訪問，相談対応等により，居宅における自立した日常生活を営む上での各般の問題を把握し，必要な情報の提供及び助言並びに相談，関係機関との連絡調整等の自立した日常生活を営むために必要な援助を行う。

[対象者]
　障害者支援施設若しくは共同生活援助を行う住居等を利用していた障害者又は居宅において単身であるため若しくは同居家族等が障害や疾病等のため居宅における自立した日常生活を営む上での各般の問題に対する支援が見込めない状況にある障害者。

[具体例]
1. 障害者支援施設やグループホーム，精神科病院等（＊1）から地域での一人暮らしに移行した障害者等で，理解力や生活力等に不安がある者。
2. 現に一人暮らししており，自立生活援助による支援が必要な者（＊2）。
3. 障害，疾病等の家族と同居しており（障害者同士で結婚している場合を含む），家族による支援が見込めないため，実質的に一人暮らしと同様の状況であり，自立生活援助による支援が必要な者（＊2）。

　＊1｜①障害者支援施設，のぞみの園，指定宿泊型自立訓練を行う自立訓練（生活訓練）事業所，児童福祉施設又は療養介護を行う病院に入所していた障害者
　　　　　＊児童福祉施設に入所していた18歳以上の者，障害者支援施設等に入所していた15歳以上の障害者みなしの者も対象。
　　　②共同生活援助を行う住居又は福祉ホームに入居していた障害者
　　　③精神科病院に入院していた障害者
　　　④救護施設又は更生施設に入所していた障害者
　　　⑤刑事施設（刑務所，少年刑務所，拘置所），少年院に収容されていた障害者
　　　⑥更生保護施設に入所していた障害者又は自立更生促進センター，就

業支援センター若しくは自立準備ホームに宿泊していた障害者

*2｜自立生活援助による支援が必要な者の例
(1) 地域移行支援の対象要件に該当する施設に入所していた者や精神科病院に入院していた者等であり，理解力や生活力を補う観点から支援が必要と認められる場合
(2) 人間関係や環境の変化等によって，1人暮らしや地域生活を継続することが困難と認められる場合（家族の死亡，入退院の繰り返し・等）
(3) その他，市町村審査会における個別審査を経てその必要性を判断した上で適当と認められる場合

[注意すること]
①退所，退院から1年を超えているかどうかで報酬が異なる。
[報酬を算定できない場合]
①就労定着支援，地域定着支援との併給はできない。
②概ね週1回以上の訪問が原則であり，月に2日以上訪問しなければ報酬の算定はできない。
（参照｜留意事項通知／就労定着支援，自立生活援助／事務処理要領・等）

《自立生活援助》導入の心得

[地域での暮らしを支える仕組みの構築]
●自立生活援助は，精神障害者や知的障害者の「地域での暮らしを支える仕組み」の構築を目指す。施設ではなく「一人暮らし」が選択できること，「親なき後」も地域で暮らし続けることなどを支えるサービスである。
●地域移行を進める文脈のなかで，「受け皿」がないことを阻害要因とするのではなく，市民として地域での「普通の暮らし」を目指し，民間アパートなどでの生活を援助する。脱施設化を進める手立ての一つと捉えたい。
●それぞれの生活を支える仕組みのあり方はさまざまである。そのため，自立生活援助の支援の内容は多様になる。本人の希望と地域の実情に根差した個別で具体的な支援が創意工夫の中で展開されることが求められる。
●また，サービスの提供は共同生活援助や宿泊型自立訓練などを行う障害福祉サービス事業者だけでなく，相談支援を行う事業者も行えるため，事業所の特性を活かしたサービス展開も期待できる。

[自立生活援助による支援が必要な場合]
●サービスの対象者は，①障害者支援施設やグループホーム，精神科病院等から地域での

自立生活援助の目指すもの

[地域での暮らしを支える仕組みの構築]

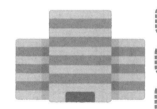
施設
グループホーム
病院

地域移行（脱施設化）を進め，市民としての地域での「普通の暮らし」を支援する

[自立生活援助による支援が必要な場合]

地域生活の継続

- 施設・グループホーム・精神科病院等から一人暮らしへ
- 人間関係や環境の変化等によって，一人暮らしや地域生活を継続することが困難
- 家族による支援が見込めないため，実質的に一人暮らしと同様の状況
- その他，市町村審査会における個別審査を経てその必要性を判断した上で適当と認められる場合

支援の必要性

地域診断に基づく対象者像の整理

（自立支援）協議会等を通して自立生活援助を必要とする対象者象を整理し，サービス提供の体制を整える。

一人暮らしに移行した障害者等で，理解力や生活力等に不安がある者，②現に一人で暮らしており，自立生活援助による支援が必要な者，③障害，疾病等の家族と同居しており（障害者同士で結婚している場合を含む），家族による支援が見込めないため，実質的に一人暮らしと同様の状況であり，自立生活援助による支援が必要な者，となっている。

●「自立生活援助による支援が必要な者」について考える際には「支援の必要性」がポイントとなる。人間関係や環境の変化などによって，地域生活を継続することが困難となっている場合には活用を進めたい。

●地域の実情や特性に応じて対象者像やサービス展開について十分に共有されていることが重要であり，そのために（自立支援）協議会等を活用したい。「どのような方」の「ど

んな状況の場合」に自立生活援助の支援を活用して地域生活の維持・継続を支える必要があるか，これまでの実践経験も踏まえながら丁寧に地域診断を行い，そのことに基づいたサービス展開が求められる。

●自立生活援助は，本人の希望を中心にして，地域の実情に応じながら，それぞれの生活の必要に基づいて重ねてきたこれまでの実践の延長線上にあるものとも考えられる。本人の暮らしに欠かせない取り組みが，計画相談支援，地域定着支援，生活訓練，あるいは訪問看護などを通して，従来のサービスの範囲を超える場合でも「持ち出し」ながら行われてきた経過もあるだろう。これまでの支援を振り返りながら自立生活援助の活用を進めたい。

[オーダーメイドの支援]
●自立生活援助の支援内容は，定期的な居宅訪問や随時の対応等により利用者の日常生活における課題を把握し，必要な情報の提供や助言，関係機関との連絡調整等を行うものである。「定期訪問」と「随時対応」，また「同行支援」を必要に応じて組み合わせるオーダーメイドの支援を特徴としている。

[包括的な支援]
●具体的な支援のメニューは，①定期的な巡回又は随時通報を受けて行う訪問，②相談対応等の方法による障害者等に係る状況の把握，③必要な情報の提供及び助言並びに相談，④関係機関（計画相談支援事業所や障害福祉サービス事業所，医療機関等）との連絡調整，⑤その他の障害者が自立した日常生活を営むための環境整備に必要な援助，となっており，これらを包括的に行うこととなっている。

●「随時の対応」は緊急時の対応も含まれる場合もあるが，基本的には平時において，電話等により現に生じている生活課題をタイムリーに共有し，必要な対応を行うものである。例えば「見慣れない手紙が届いた」と本人より連絡を受けた際には，「その内容であれば次回の訪問時に一緒に確認しましょう」といった対応を行うなど，課題への対処に順番をつける。

●サービスの基本は，地域生活に必要な家事や手続きなどに関する生活課題を生活場面で一緒に確認し，その解決のための工夫を一緒に考え，本人の取り組みを援助することである。取り組む生活課題は生活全般を通して網羅的にではなく，本人が必要なことについて部分的にであり，そのための工夫は本人や環境のストレングスを活かした個別的なものであり画一的なサービスではない。

[関係づくりを支援する]
●他のサービスとの比較では「近隣住民との関係構築など，インフォーマルを含めた生活環境の整備を行う」ことを強調している点も特徴である。「あたり前の暮らし」に向けた地域での関係づくりの支援がポイントである。そのような観点から「連絡調整」や「同行支援」などによる援助は「関係構築」を意図したものとも言える。また，関係機関との連絡調整についてはマネジメントと捉えることもできるが，その場合の目的や計画相談支援

自立生活援助の支援内容

[オーダーメイドの支援]

必要に応じて「定期訪問」と「随時対応」、また「同行支援」を組み合わせてオーダーメイドな支援を展開する。

[包括的な支援]

生活に必要な工夫への支援	生活に必要な関係性への支援
◎掃除や洗濯などについての助言 ◎一か月の生活費のやりくりの整理 ◎郵便物の整理と対応方法 ◎公共料金の支払いに関すること ◎交通機関の利用に関すること ◎消費生活トラブルへの対応方法 ◎ゴミ出しについての工夫 ◎水回りのトラブルや修繕の対応 ◎食生活に関する助言　など	◎商店などの周辺環境の把握 ◎貸主や管理会社とのやりとり ◎近隣住民との関係 ◎適切な受療行為のための支援 ◎サービス利用支援 ◎余暇や日中活動に関する情報提供や見学の同行 ◎行政機関や金融機関での窓口手続きのサポート ◎家族との連絡調整　など

訪問／状況把握／情報提供・助言・相談／連絡調整／環境整備に必要な援助

包括的な支援

生活場面の中で必要な工夫について一緒に考え、必要な相手との関係づくりのサポートも行う。

が行うそれとの範囲の違いについて意識的であることがチームアプローチ（重層的な連携）の観点から重要である。保健、医療、福祉、就労支援、教育等の関係機関との密接な連携の下での支援展開が求められる。

●自立生活援助の支援は、①生活に必要な工夫への援助、②生活に必要な関係性への援助を性質として備えている。どちらも「自立」を支えるうえで欠かせない要素であり、それ

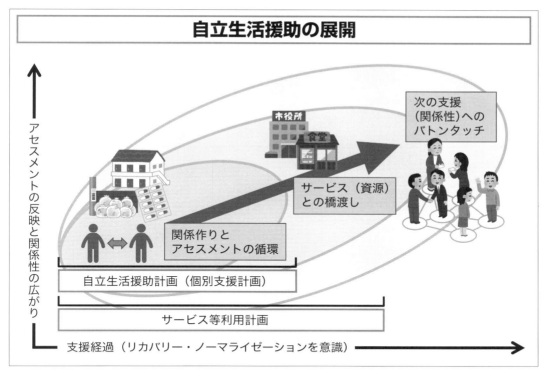

自立生活援助の展開

ぞれの状況に応じたバランスのよい支援展開が図られる必要がある。

●自立生活援助は，適時のタイミングで適切な支援を行うサービスである。その本質は，本人の地域での生活に直に対峙し，必要な取り組みを個別に，また創意工夫の中で具体的に行っていくことである。地域を基盤として，ストレングスやエンパワメントの視点を重視した援助が求められる。

[つなぎの支援]

●自立生活援助は，本人の意思を尊重した地域生活のために「一定の期間」にわたり，適時のタイミングで適切な支援を行うサービスであり，標準利用期間が設けられている（市町村判断で延長可能）。そのため「この期間をどのように活用するか」といった期限を意識した支援展開がポイントとなる。サービス等利用計画と「自立生活援助計画（個別支援計画）」の効果的な連動が重要である。

●自立生活援助は「支援の必要性」に基づいて開始されるサービスであるため，状況に応じた活用の目的のバリエーションを考えたい。例えば，①具体的に取り組むべき生活課題がある場合，②支援が必要となっている状況の全般的なアセスメント，③他のサービスを利用する前の準備，④他のサービスの効果的な活用などを目的にして柔軟に提供されることが望ましい。いずれも地域生活の基盤となる資源とのつながりを意識した「つなぎの支援」としての活用と考えられよう。

●「つなぎの支援」の基盤は生活場面での関わりを通した本人との関係づくりとアセスメントである。重ねたアセスメントを材料にして，必要な相手との関係構築を図っていくこ

とが自立生活援助のキーとも言える。本人との関係を基盤にして、それぞれに必要な地域での関係性の構築への援助を図りたい。

●自立生活援助は、恒常的に定型のサービスを提供するというよりも「つなぎの支援」として、他のサービスや街の資源との関係においては「のりしろ」の役割になるサービスと考える。その意味で従来のサービスとは異なり、また計画相談支援とは別の角度からサー

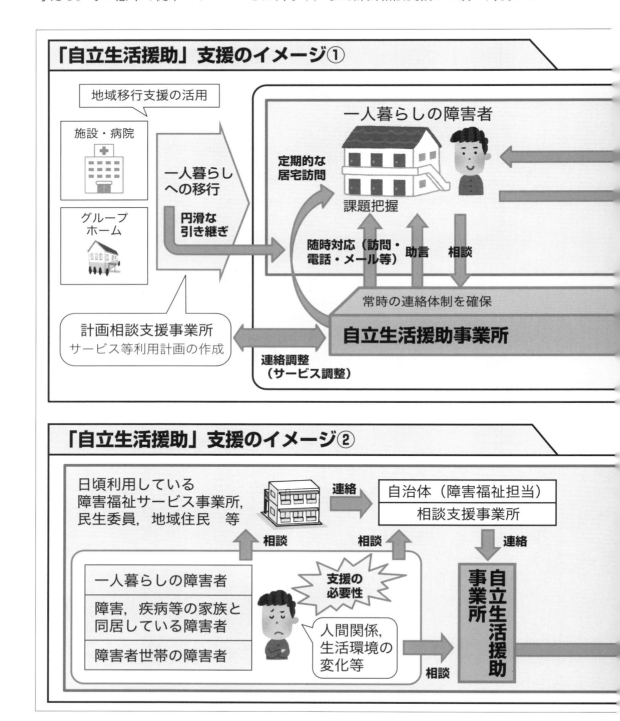

ビス等利用計画の内容を深める役割も果たし，計画相談支援を補完する役割もあるだろう。
●自立生活援助が効果的に活用されることにより，本人の生活にとって必要な街の非公式なものも含めた資源とのつながりの創出をさらに進められるようになると考える。「精神障害にも対応した地域包括ケアシステムの構築」の趣旨に沿うサービスである。

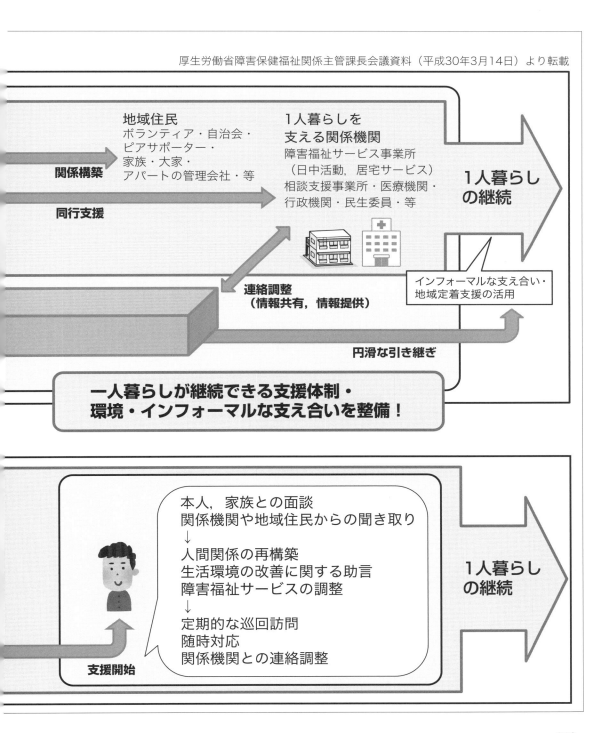

厚生労働省障害保健福祉関係主管課長会議資料（平成30年3月14日）より転載

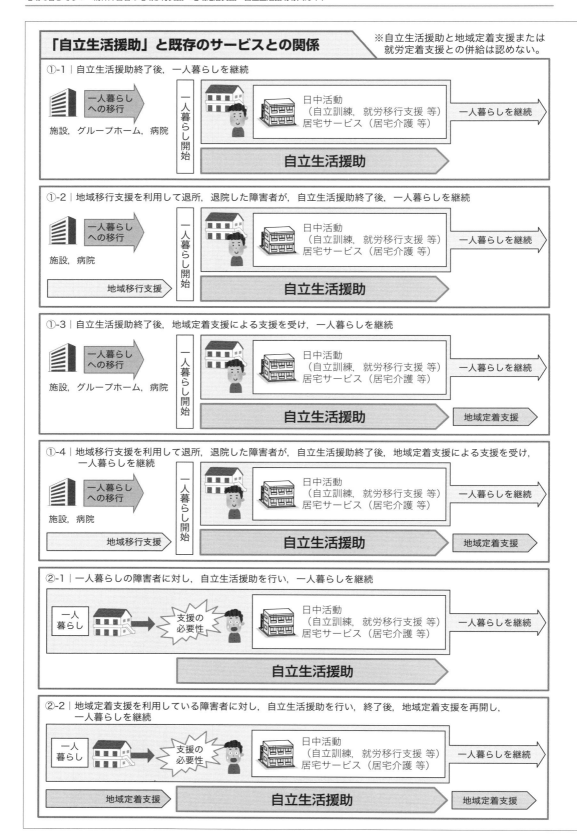

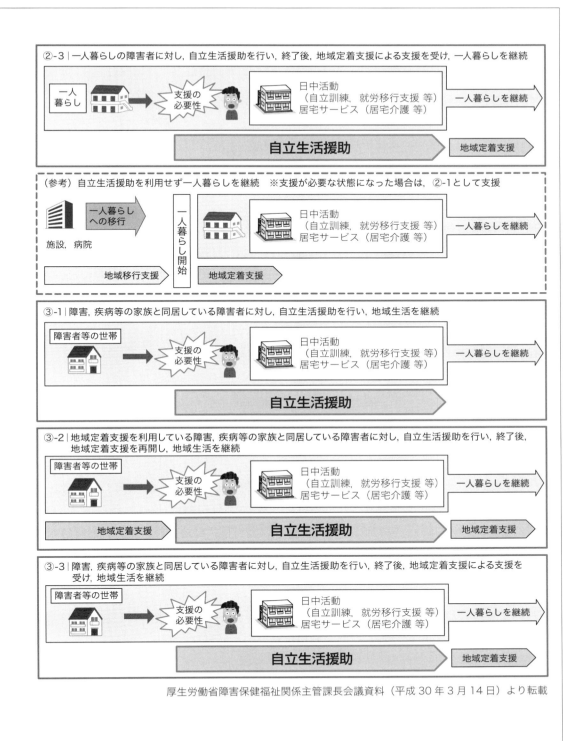

厚生労働省障害保健福祉関係主管課長会議資料（平成30年3月14日）より転載

III-4 事務処理要領の読み解き方

● 「介護給付費等にかかる支給決定事務等について（事務処理要領）」は，厚生労働省から発出される，いわば支給決定に関する市町村のマニュアルである。これを読み解き，使いこなしてこそ，適正な支給決定等が行われることになるが，解釈の仕方ひとつで支給決定等の幅が広がることもある。市町村職員のみならず，支援者全員がこの事務処理要領の内容を把握しておくことで，円滑な支給決定等につながることになる。

［対象者］

● 自立支援給付の対象者は，各障害者手帳を所持していることが条件ではない。事務処理要領には，精神障害者に係る対象者の確認方法が明記されているが，精神障害者保健福祉手帳の所持や自立支援医療（精神通院）の受給が必須要件ではない。

● 自立生活援助は，入所施設や病院を退所，退院して一人暮らしまたは家族等と同居していても支援を望めない状況にある障害者を対象としている。加えて，退所，退院した場合に限定することなく，現に地域において生活している障害者についても対象とするものである。

● 地域移行支援は，精神科病院に入院している精神障害者を対象の一部としており，入院期間や入院形態に制限があるものではない。支援の必要性について，医療機関を含めたケース会議等の内容をケース記録として残し，給付決定の根拠とすることも可能である。

ズバリ!! 対象者は限定されず，更新時の利用期間も柔軟に対応！

［利用期間・支給決定の有効期間］

● 自立生活援助については，施設等から地域生活に移行した者である場合には，当該施設等を退所等した日から1年を経過した日の属する月までを有効期間とし，その後，支給開始から1年の期間の範囲で再度有効期間を定めるものとしている。それ以外の対象者については，対象者の状況に応じて適切に有効期間を設定することとしている。（「事務処理要領」p.88）

● 地域移行支援の支給決定の有効期間は6か月であり，その後6か月の範囲で更新の決定が可能である。更なる更新については，市町村審査会の個別審査を経ることで可能となることから，個別の状況に応じて必要性を判断することが求められている。

● 地域定着支援の有効期間は，1年とされているが，こちらも必要性が認められれば更新が可能とされており，支援者間で支援の方向性を共有しておくことが重要である。いずれもモニタリングやサービス担当者会議の中で挙げられている意見を丁寧に拾い，市町村審査会で支援の継続の必要性を委員に伝えていくことが必要である。

事務処理要領の読み解き方

介護給付費等に係る支給決定事務等について（事務処理要領）平成30年4月1日

●自立支援給付の対象者となる障害者等（抜粋）P8

市町村は，支給申請があった場合は，以下の証書類又は確認方法により，申請者又はその児童が給付の対象となる障害者又は障害児であるかどうかを確認する。

ウ．精神障害者

以下のいずれかの証書類により確認する（これらに限定されるものではない）。

① 精神障害者保健福祉手帳
② 精神障害を事由とする年金を現に受けていることを証明する書類（国民年金，厚生年金などの年金証書等）
③ 精神障害を事由とする特別障害給付金を現に受けていることを証明する書類
④ 自立支援医療受給者証（精神通院医療に限る）
⑤ 医師の診断書（原則として主治医が記載し，国際疾病分類ICD-10コードを記載するなど精神障害者であるこが確認できる内容であること）等

●自立生活援助の対象者（抜粋）P28

イ．対象者

障害者支援施設若しくは共同生活援助を行う住居等を利用していた障害者又は居宅において単身であるため若しくはその家族と同居している場合であっても，当該家族等が障害や疾病等のため居宅における自立した日常生活を営む上での各般の問題に対する支援が見込めない状況にある障害者であって，上記アの支援を要する者。具体的には次のような例が挙げられる。

① 障害者支援施設，のぞみの園，指定宿泊型自立訓練を行う自立訓練（生活訓練）事業所，児童福祉施設又は療養介護を行う病院に入所していた障害者
　※児童福祉施設に入所していた18歳以上の者，障害者支援施設等に入所していた15歳以上の障害者みなしの者も対象。
② 共同生活援助を行う住居又は福祉ホームに入居していた障害者
③ 精神科病院に入院していた精神障害者
④ 救護施設又は更生施設に入所していた障害者
⑤ 刑事施設（刑務所，少年刑務所，拘置所），少年院に収容されていた障害者
⑥ 更生保護施設に入所していた障害者又は自立更生促進センター，就業支援センター若しくは自立準備ホームに宿泊していた障害者
⑦ 現に地域において一人暮らしをしている障害者又は同居する家族が障害，疾病等により当該家族による支援が見込めないため実質的に一人暮らしと同等の状況にある障害者であって，当該障害者を取り巻く人間関係，生活環境又は心身の状態等の変化により，自立した地域生活を継続することが困難と認められる者

事務処理要領の読み解き方（続き）

介護給付費等に係る支給決定事務等について（事務処理要領）平成30年4月1日

●地域移行支援の対象者（抜粋）P29

イ．対象者

以下の者のうち，地域生活への移行のための支援が必要と認められる者

① 障害者支援施設，のぞみの園，児童福祉施設又は療養介護を行う病院に入所している障害者
　※児童福祉施設に入所する18歳以上の者，障害者支援施設等に入所する15歳以上の障害者みなしの者も対象。

② 精神科病院に入院している精神障害者※地域移行支援の対象となる精神科病院には，医療観察法第2条第4項の指定医療機関も含まれており，医療観察法の対象となる者に係る支援に当たっては保護観察所と連携すること。（以下略）

●利用期間の取扱い（抜粋）P102

イ．地域相談支援

（ア）地域移行支援／地域移行支援は，長期にわたり漫然と支援を継続するのではなく，一定の期間の中で目標を立てた上で効果的に支援を行うことが望ましいサービスであるため，則第34条の42第1項において給付決定期間を6ケ月間までとしている。この期間では，十分な成果が得られず，かつ，引き続き地域移行支援を提供することによる地域生活への移行が具体的に見込まれる場合には，6ケ月間の範囲内で給付決定期間の更新が可能である。なお，更なる更新については，必要に応じて市町村審査会の個別審査を経て判断すること。

（イ）地域定着支援／地域定着支援は，則第34条の42第1項において給付決定期間を1年間までとしている。対象者や同居する家族等の心身の状況や生活状況，緊急時支援の実績等を踏まえ，引き続き地域生活を継続していくための緊急時の支援体制が必要と見込まれる場合には，1年間の範囲内で給付決定期間の更新が可能である。（更なる更新についても，必要性が認められる場合については更新可。）

Ⅳ

事例でイメージ！
◉地域移行支援・地域定着支援・自立生活援助

事例1｜地域移行支援
　　　　◉星野一郎さん
事例2｜自立生活援助➡地域定着支援
　　　　◉星野一郎さん
事例3｜自立生活援助
　　　　◉山田誠さん
事例4｜自立生活援助／活用のポイント
　　　　◉田中さくらさん
事例5｜自立生活援助／活用のポイント
　　　　◉鈴木ひとみさん
事例6｜自立生活援助／活用のポイント
　　　　◉佐藤美咲さん

事例1 地域移行支援
●星野一郎さん

◎はじめに

私は星野一郎といいます。48歳です。

同居していた母が他界してからは，遺産を切り崩しながら一人暮らしをしていました。

45歳頃から電波で攻撃されるようになり，辛い日々を送っていました。あまりにも辛いので警察に助けを求めたり，文句を言っていました。

ある日，警察から保健所を紹介されました。保健師さんと一緒に精神科病院を受診することになり，診察を受けたところ医療保護入院することになりました。

いつになったら退院できるのかと思っていたところ，病棟で地域移行支援のポスターを見つけました。「あなたの退院をお手伝いさせてください」と書いてありました。わらをもつかむ想いで電話をしました。

それから，相談支援専門員さんに退院を手伝ってもらいました。病院の治療もしっかりと受けて，入院から約半年で自宅に退院することができました。

これから，私が入院してから地域移行支援を利用して退院するまでどのように応援してもらったかをお話ししたいと思います。

◎生まれて初めての医療保護入院

私は同居していた母が亡くなった5年前（43歳）から，遺産を切り崩しながら自宅で一人暮らしをしていました。

地元の高校を卒業した後，左官屋に5年ほど勤務していましたが，20代半ば頃からは自営に切り替えて下請け仕事をしてきました。でも，その後仕事の依頼が減り，数年前からは母の遺産を切り崩しながら生活しています。結婚したことはなく独身です。兄弟も親しい親戚もいません。

3年くらい前から，近所から電波で足を攻撃されるようになり，足に痺れを感じるようになりました。困った私はたびたび警察に相談に行くようになりましたが取り合ってもらえず，電波発信元の隣の家に文句を言いに行くようになりました。

2年前からは電波に関する相談を毎週のように警察にしていましたが，何も変わらないので自宅前に電波被害に関する立て看板を立てたり，有刺鉄線で家を囲んで対処していました。眠れなくなり，急に痩せてきたこともあって，警察で保健所に相談するように勧められました。私は仕方なく保健所に行きました。保健所では一通り話をした後，近くの精神科病院での診察を勧められました。迷いましたが，保健所の保健師が同伴してくれるというので診察に行きました。

診察の結果，「統合失調症の疑いがあり，栄養状態も悪く入院治療が必要です」と言われました。私はそんな気などまったくなかったので「入院はしません」と言いました

事例1 ●星野一郎さんの医療保護入院までの人生

出生	兄弟なく一人っ子
18歳	高校卒業➡左官屋に勤務（5年間）
23歳	左官屋を退職➡自営
	約20年間，左官業を自営 （仕事少ない）
43歳	母他界➡一人暮らしになり，遺産を切り崩して生活
45歳	近所から電波攻撃➡警察に相談開始，隣家に文句
46歳	立て看板，有刺鉄線で家を囲む対処 次第に不眠，急に痩せ始める➡保健所を勧められる
48歳	保健所に相談➡精神科病院診察➡医療保護入院

6か月

退院

入院治療

地域移行支援

地域定着支援

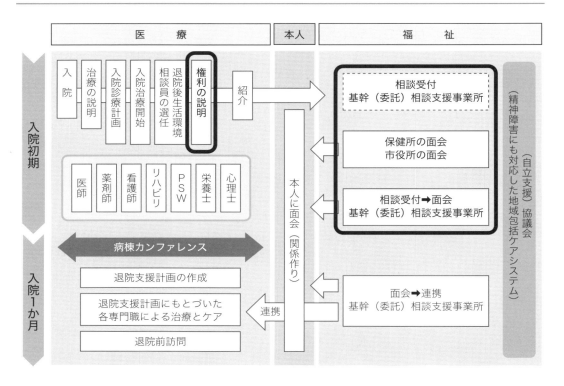

が，市長同意による医療保護入院で仕方なく入院することになりました。さらにお金も底をついていて入院費を支払えず，生活保護を利用して入院費を工面することになりました。

◎入院患者の権利

　初めて入院した精神科の病棟は，鍵がかけられ，自由に出入りもできませんでした。主治医には「薬を飲んで，しっかり休み体力を回復させましょう」と言われ入院診療計画書をわたされました。推定される入院期間は3か月と書かれていますが，ずいぶん先なのでこの先自分の人生はどうなるのだろうと不安な気持ちでいっぱいになりました。

　入院の翌日，退院後生活環境相談員の後藤さんが病室を訪ねてきました。後藤さんは以下のことを口頭と文書で教えてくれました。

　①入院中や退院後の生活に関するさまざまな相談に乗り，私の希望や意向を尊重しながらこれからの生活について一緒に考えていくこと。②さまざまな制度や地域移行支援という障害福祉サービスの利用に関する相談にのることができること。③入院中から，退院後の生活上のさまざまな相談に乗り，支援してくれる相談支援事業所や地域包括支援センターなどを紹介することができること。④私の入院診療計画書に書かれている「推定される入院期間（3か月）」を超えるような場合には，どのような支援があれば退院できるかについて検討する機会（「医療保護入院者退院支援委員会」）を設けること，そこには私も参加できること。

●退院後生活環境相談員の地域援助事業者等の紹介に関する業務

ア｜医療保護入院者及びその家族等から地域援助事業者の紹介の希望があった場合や，当該医療保護入院者との相談の内容から地域援助事業者を紹介すべき場合等に，必要に応じて地域援助事業者を紹介するよう努めること。

イ｜地域援助事業者等の地域資源の情報を把握し，収集した情報を整理するよう努めること。

ウ｜地域援助事業者に限らず，当該医療保護入院者の退院後の生活環境又は療養環境に関わる者の紹介や，これらの者との連絡調整を行い，退院後の環境調整に努めること。

●保健所，市町村，基幹（委託）相談支援事業者は早期に病院へ向かいましょう。

この時期の医療保護入院患者は強いストレスを受けやすい時期であり，医療との緊張関係も強い時期です。そういった状況において地域援助事業者の役割は，ご本人の気持ち（不安，心配，苦痛，孤独等）を先入感なく正確に理解することが求められます。

入院前にかかわりのある地域援助事業者はご本人の同意を得て地域生活への移行を促進するための情報を提供する必要があり，あわせて推定入院期間を把握し退院支援委員会の参加を準備しておく必要があります。

　　入院して3日が経った頃でしょうか，保健所の有田保健師と市役所の小山さんが面会に来ました。小山さんは市町村長同意事務処理要領に沿って，今回の私の入院は市町村長が同意者であること，そして担当者である小山さんの連絡先，今後の連絡方法を教えてくれました。

　　有田保健師さんからは「早く体調が戻るといいですね。退院するときはお手伝いさせていただきますね」と言われましたが，保健所に勧められて診察を受けて入院になったので，内心ムッとしました。このとき，退院後生活環境相談員の後藤さんからは，私が行使できる権利や利用できるサービスなどについて教えてくれました。

　　同じ時期，病棟の看護師は，自由な生活が奪われた私の苦痛やこれから先の不安をしっかりと聞いてくれました。また作業療法士は，これまでの私の暮らしを振り返りながら，得意なこと，できていること，困っていること，困りごとに対してどのように対処してきたかなどを聞いてくれました。

　　入院して1週間もすると病棟の様子や仕組みが少しずつわかるようになりました。病棟の公衆電話の脇に「あなたの退院をお手伝いさせてください」というポスターを見つけました。地域移行支援というサービスを提供してくれると書いてありますが，何だかよくわかりません。でも，思い切って電話をかけてみることにしました。相談支援専門員の川田さんが電話に出てくれて，近日中に面会に来てくれると約束してくれました。

　　電話をしてから4日目のことです。「なかなか来られなくてすみませんでした」と川田相談支援専門員さんが面会に来てくれました。病棟に馴染めなかった私は川田さんの気さくなキャラクターに少しホッとしました。川田さんには，無理矢理入院させられた

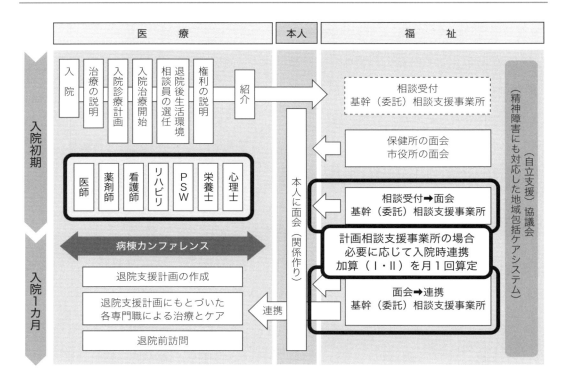

こと，入院中も電波で攻撃されること，入院前はもっと強い電波で本当に困っていたことなどを話して，退院させてほしいと懇願しました。川田さんは私の気持ちを受けとめてくれ，次の面会日を決めてくれました。

◎専門職のアセスメント

　ずいぶん後になってわかったことですが，入院の初期段階に看護師と作業療法士は，私の暮らしぶりを聞きながら，日常生活評価表をもとに，得意なことは何か，できていること，困っていること，困りごとに対してどのように対処してきたか，対処しようとしているかということをポイントにアセスメントをしていたそうです。

　食事や買い物，洗濯，身支度などはだいたい自分でできていたけれども，片づけや整理整頓は苦手で母親が援助をしてくれていたこと。自分の気持ちを上手に伝えたり，何か緊急事態で自分の手に負えない困ったことが起きたときに助けを頼むことが苦手だったことがわかったそうです。しかし，金銭管理や書類の手続きなどは，どこまでできるのか正直そのときはわからなかったそうです。

　また，母親の急死が大きなストレスとして生活に影響していたのだろうと感じたそうです。

　看護師は，患者の安全を確保しながらも，退院に向けて私のできることを奪わないように，できている部分は見守り，苦手な部分やできない部分はアセスメントして，私が取り組みやすいように小さな課題に分けて，一緒に手伝ってくれました。

　また病棟で困ったときに看護師に声がけやすいような雰囲気を作ってくれたり，声

●専門職の役割とアセスメントの視点

医師	医学的観点から見た症状評価に基づいた適切な治療の開始及び治療効果の判定と副作用の有無のチェックをする。
薬剤師	医師の薬剤知識を補完し、副作用の評価や合併症と使用されている薬剤との相互作用をチェックするとともに、患者自身が自主的に服薬を継続できるようになるように入院患者らの相談にのる。
看護師	不安を緩和し、スキンシップを取りながら安心感を与える療養環境を整えるとともに、生育歴や病棟での様子をふまえて生活をアセスメントをする。また、症状悪化のサインやそのときの対処方法を検討し、必要な能力を得られるケアを行う。
リハビリ	ADL・対人・仕事・余暇など生活全般の作業能力の遂行度と満足度をアセスメント。患者さんにとって価値の高い作業の獲得やこれに向けた活動を通し、回復状態をアセスメントする。
精神保健福祉士（PSW）	患者さんの権利や利用できるサービスの情報提供および地域とのつなぎの検討や家族調整および本人を取り巻く生活環境全体をアセスメントする。
管理栄養士	栄養学についての専門知識を有し、一人ひとりの健康状態や栄養状態に合った食事のアドバイスをする。
心理士	医師とは異なる学問的背景から患者の特性、心理的特徴を明らかにする。

をかけることができない場合の助けの求め方を一緒に考えてくれたりしました。

作業療法士は退院後の生活を見据えて、現状での状態像に合わせた作業を提供するのが大事な役割だそうです。私が元々手先が器用で日曜大工が得意であることを把握したようで、私が急性期の混乱を脱した際に、地域で暮らしていた時の自分の感覚を取り戻す手がかりとして、日曜大工のような作業が使えるかもしれないとアセスメントしていたそうです。

◎入院初期の病棟カンファレンス

私が入院してから1週間後に各職種のアセスメントが終了し、退院支援計画を作成するための病棟カンファレンスが開かれたようです。病棟カンファレンスは病棟師長が各チームメンバーの都合を勘案しながら日程を調整したのだそうです。

退院後生活環境相談員の後藤さんは、私が退院したい気持ちがしっかりとあること、収入や身寄りが少ないことに関する不安があること、基幹相談支援センターの川田相談支援専門員に退院の応援を求めていることなどを情報提供してくれたそうです。

病棟カンファレンスでは、私の退院したい気持ちを中心にして、主治医は薬物療法の効果の評価、同時に合併症の評価と対策、および精神症状の評価を通じて気持ちの安定と健康の回復をはかる役割を担うこと。看護師は私に寄り添って、症状の観察（病院で起こることと、家で起こることの比較評価）とADL維持のためのかかわりを担うこと。また、私がこれまでに薬を飲んだ経験がないため、まずは薬を飲みたくないという訴えをゆっくりと聞き取っていくことにしたそうです。私が治療に対してどういう気持ちで

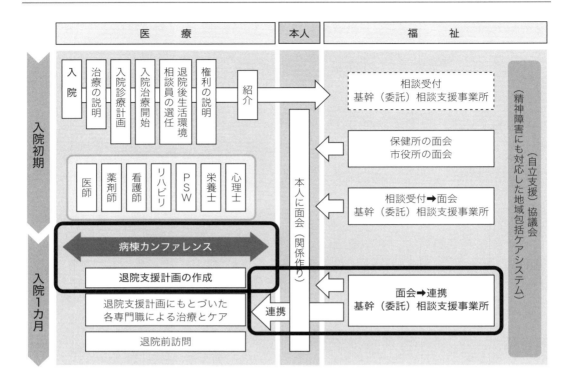

いるかを理解・共有することがとても大事らしいです。作業療法士は，すぐにでも退院したい私の気持ちを尊重しながらも，急性期を乗り切るために私自身が病棟という慣れない環境でどのように過ごすかを一緒に考えていくことにして，身体を動かすリラクゼーション活動を提供すること，また，私が退院後の自宅修繕を気にしていたことから，日曜大工が得意というアセスメントを考慮して，落ち着いてきたら作業として自宅修繕プランを一緒に作成する提案を行っていくことにしたそうです。退院後生活環境相談員は，自宅の状況や近隣との社会関係などの把握と，退院後の福祉サービス利用の可能性についての情報収集の分担を話し合い，退院支援計画書が作られていったと聞きました。

　また，私がいちばん苦しんでいる病気の症状については，困りごとを相談できずに一人で抱えることが続くと，そのストレスにより電波の症状が強くなるようだとチームの見解がまとまったそうで，どのような場面で電波に関する症状が出やすいのかをチーム全体で評価していくことにしたそうです。主治医からは，突飛に見える精神症状の背景に，病気による独特な思考の乱れとストレスを想像すれば，納得できる本人の反応と苦悩が見えてくるとコメントがなされたそうです。

　退院後については，今回の入院契機となった状況のように，一人で悩みを抱え込まないように障害福祉サービスなどの生活支援サービスを導入した方が再発防止になるという意見も出たそうで，自立生活援助や地域定着支援等の障害福祉サービスの利用や支援者の継続的なかかわりも必要ということが検討され，そのためには入院中から相談支援事業所との関係作りが欠かせないという判断に至り，病棟の退院支援チームと福祉のチームが連携して退院を支援していくことが大きな方針として決まったそうです。

◉病棟カンファレンスの重要性

病院では，入院後約1か月間の専門的な視点によるアセスメントの結果を持ち寄り，退院に向けた治療を考えるために，一人ひとりの患者さんに対して多職種による病棟カンファレンスが行われます。

各専門職のアセスメント情報を共有し，ご本人の希望をふまえた上で，今後の方針を検討し，それぞれが取り組むべきことを明確化しながら退院支援計画を作成していきます。退院支援計画はご本人が十分理解できるように説明されます。ご本人の希望があればご家族や地域の支援者にも同席してもらい説明が行われます。病棟カンファレンスのコーディネイトは病棟師長が担うことが一般的です。

病棟カンファレンスでは，退院に向けて，および退院後の生活に福祉の支援が必要かどうかも検討されます。福祉の支援が必要な場合は，早い段階から福祉と連携が開始されます。障害福祉サービスや介護保険サービスなどの利用が見込まれる場合は，認定手続きに時間がかかるので，保健所，市役所，相談支援事業所は病院と連携を取りながら申請の準備を行っていく必要があります。

病棟カンファレンスの結果は主治医が丁寧に私に説明してくれましたが，私にとっては聞き慣れない用語が多く難しく感じました。でも，私のことを想って皆さんが一生懸命に考えてくれていることが伝わりました。

◎病棟カンファレンス後のケア

退院後生活環境相談員の後藤さんが退院に向けて自宅を確認したいというので，同意して自宅の鍵をわたしました。担当看護師と後藤さんの2人で1回目の退院前訪問指導をするのだそうです。私の家は築50年と古く壁もところどころ崩れ落ちています。屋内には物があふれ散らかっています。母が生きていた頃はよかったのですが，母が亡くなってからは片づけが苦手で散らかるようになってしまいました。

後藤さんと担当看護師は，訪問してみて，母が急死したショックに加えて頼りになる身内もいないなか，一人懸命になんとかしようと思っていたところに，疲れとストレスが重なり今まで以上に電波で攻撃されるようになっていったのかもしれないと感じたそうです。また，この状態では退院後にゆっくりと休めないと判断し，私の体調が回復したら退院に向けて屋内の片づけや掃除を進めていく必要があると感じたそうです。

数日後，後藤さんが作業療法士と2回目の退院前訪問指導をしたいと言うので了解しました。作業療法士は自宅の様子を確認し，退院したら壁の補修などをやりたいと私が言っている意味がわかったと感じたそうです。そして，自宅を原状復帰させることが，私自身の原状復帰に繋がる感覚があるのではないかとも感じたそうです。また，得意な大工作業を通じて自分を回復させようとする私自身の力も感じたそうです。

病棟カンファレンスの翌日に相談支援専門員の川田さんが面会に来てくれました。1時間ほど面会した後，川田さんは今日の話や私の率直な気持ちを退院後生活環境相談員の後藤さんに伝えておきたいと言いました。私は少しでも退院が早くなればと思い了解

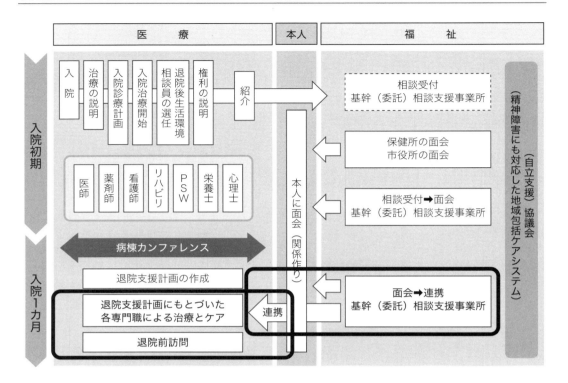

しました。

　川田さんは，私が無理矢理入院させられたこと，入院していてもときどき電波で攻撃されていること，入院前はもっと強い電波で本当に困っていたこと，できるだけ早く退院させてほしい気持ちがあることを後藤さんに伝えてくれました。後藤さんは病棟スタッフとも私の気持ちを共有してくれました。

　後藤さんからも，前日のカンファレンスの結果を川田さんにも伝えたいというので了解しました。川田さんはカンファレンスの結果を聞いて，地域相談支援を利用する可能性があるので，市役所の障害福祉課に方針を伝え，必要なときには支給決定がスムーズに進むように準備を進めたいと私に確認してきました。

　主治医は，病棟診察の場面で段階を追って疾病教育をしてくれました。入院前にはもっとひどかった電波が弱まったことを入口にして，服薬の必要性を私と共有しようと試みてくれました。同時に，看護師は電波が病棟内で弱まるような時間を一緒に共有できるように関わりを考え，その感覚を私が意識できるように工夫していました。作業療法士は病棟のなかで電波が弱まる安全な環境作りを一緒に行えるよう，工夫してくれました。

●医療保護入院者退院支援委員会の開催

　入院が3か月目に入ろうとしています。

　私はしっかり診察を受け服薬もして，体重も53kgから60kgに回復してきました。しかし，相変わらず電波攻撃に対する不安は拭えません。医師の診察以外に，病棟が自主的に開催している疾病教育にも参加しました。病院職員の言っていることもわからない

入院診療計画書

〔患者氏名〕星野一郎　殿　　　　　　　　　　　　　　　　　　　　平成●年●月●日

病棟（病室）	3病棟（12号室）	
担当医以外の担当者	精神保健指定医：●●●●／看護師長：●●●●	
選任された退院後生活環境相談員	精神保健福祉士：後藤●●	
病名	統合失調症	
症状	幻覚妄想状態不眠体重減少	
治療計画 検査・手術内容及び日程	適宜検査を行います。 薬物療法，休息，環境調整を行います。	
推定される入院期間	3ケ月（うち医療保護入院による入院期間：3ケ月）	
特別な栄養管理の必要性	無	
その他／看護計画 （担当者：●●●●）	入院という慣れない環境のため，安全に配慮しながら食事・睡眠などの日常生活の支援を行います。支持的なかかわりを持ちながら，不安の軽減に努めます。	
リハビリテーション等の計画 （担当者：●●●●）	日常生活評価を行い，退院後の生活に必要な技能の獲得に向けたリハビリを行います。日常生活に戻れるよう作業を通じて回復を目指します。	
退院に向けた取り組み 退院支援計画（総合方針） （担当者：後藤●●）	退院前訪問指導の必要性	有
	医療系地域生活支援サービスの必要性	有
	障害福祉サービス・介護保険サービスの必要性	有
	地域移行支援の必要性	有
	その他の支援：希望を確認しながら，退院後の生活環境を整えるためにサービスの利用等についての情報提供，調整を行います。	
総合的な機能評価		

●精神科退院前訪問指導料（380点）

注1｜入院中の患者の円滑な退院のため，患家等を訪問し，当該患者又はその家族等に対して，退院後の療養上の指導を行った場合に，当該入院中3回（入院期間が6月を超えると見込まれる患者にあっては，当該入院中6回）に限り算定する。

注2｜保健師，看護師，作業療法士又は精神保健福祉士が共同して訪問指導を行った場合は，320点を所定点数に加算する。

注3｜注1に掲げる指導に要した交通費は，患家の負担とする。

ではないと思いましたが，薬を飲むと元気が出ないし，よだれが出てしまうので退院したら薬はやめようと思っていました。

そんななか，疾病教育グループに参加していたある日のことです。新しく参加したメンバーの一人が急に立ち上がって，大声で自らの病的体験を話し始めたことがありました。セッションの後，看護師が私に意見を求めようと近づいてきましたが，私も今までになく興奮した口調で，自らの電波体験を話しました。それから数日というもの，私は自室に閉じこもり，他との関わりを一切拒んで声高に独語をして過ごしていたそうです。十分に食事もせず，不眠気味でもあったようです。このエピソードについて主治医は，服薬により精神症状は回復傾向にあるけれども，早期治療が為されていないためにストレス反応としての電波知覚は固定化しつつあり，特に対人関係の場面では不安定と

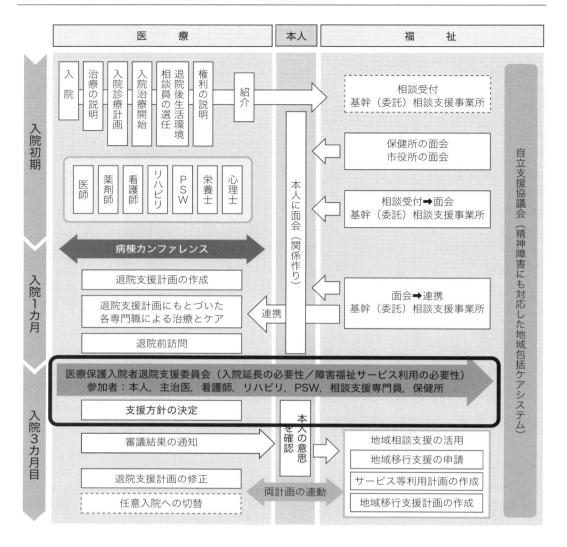

　なって増悪することがあり、これ以上の回復は難しいかもしれない、また病状から考えて、服薬に対する猜疑心は解消しておらず、入院外治療では自ら内服をすぐに止めてしまう懸念が強く、再燃の危険が高い、と判断していたそうです。その一方で、入院が長引くことで生活力が低下しかねないことを憂慮し始めていたそうです。ストレスの原因が生活力の問題であった以上、服薬で症状再燃の可能性が弱まるとしても、生活能力自体が落ちてしまうのでは意味がないからだそうです。

　退院後生活環境相談員の後藤さんは、医療保護入院者退院支援員会の開催2週間前までに日程調整を済ませて、私に開催日時の案内文を届けてくれました。希望があれば地域援助事業者の川田さんにも参加してもらうことができると教えてもらったので、川田さんにも参加してもらいたいと希望を伝えました。そして、予定通り医療保護入院者退院支援委員会が病棟の一室で開催されました。進行役は退院後生活環境相談員の後藤さんでした。

●医療保護入院者退院支援委員会

医療保護入院者退院支援委員会は本人の求めがあれば地域援助事業者も参加できます。本人が求めない場合でも，病院が必要と判断すれば参加を求められることがあります。どうしても日程の調整がつかない場合は，書面等で意見を提出しましょう。

また，保健所，役所，訪問看護ステーション，障害福祉サービス事業所，介護保険事業所など，ご本人の退院後の支援に必要だと考えられる機関については病院は参加を呼びかけることが大事です。

医療保護入院者退院支援委員会に地域の支援者が関わることで，入院生活だけでは見えなかった地域での様子が治療に役立つことがあります。両者が把握している情報を共有することが大事です。

　はじめに，委員会の開催目的を参加者全員（私，精神保健指定医資格のある主治医，担当看護師，作業療法士，退院後生活環境相談員，川田相談支援専門員，有田保健師）で確認しました。

　その後，私の気持ちを聞いてくれました。「僕は早く退院したいだけです。ここは牢屋と一緒だから一日も早く出たいんです。僕には帰る家があるので帰してください」，「僕は仕事をしなければならない」と伝えました。

◎医療保護入院者退院支援委員会の結果

協議の結果は以下の通りです。

① 未だ病的体験に左右されて，また症状に翻弄されるなかで治療チームを生活の中で信頼する十分な関係構築には乏しく，治療へのアドヒアランスも高くない。このままでは医療中断の可能性が高いことから，入院継続の必要性はあり。

② ただし，入院の単なる長期化がかえってアドヒアランスを低下させるだけでなく，生活能力の低下に繋がりやすいので，むしろ，安心できる今後の生活の構築と共に，医療を受け入れてもらうには，地域援助事業者との関係づくりや自宅環境の整備も必要である。よって，自宅復帰の希望を取り入れて，外泊等を重ねる中で病状評価をしながら治療チームとの関係を強化していくこととする。それは，自分の希望に沿った活動の中で変化を感じ取る方が，病識の形成もしやすい可能性が高く，医療への信頼とアドヒアランスを実際の生活に近い状況で獲得してもらうことが必須であるためである。

③ 上記の①と②を踏まえて，さらに必要な入院期間として3か月。

④ 加えて，地域移行支援を利用して住まいの調整や日中の過ごし方，相談先の確保を行い安心して退院していただき，それにより再発を予防していく必要がある。

　と決まりました。

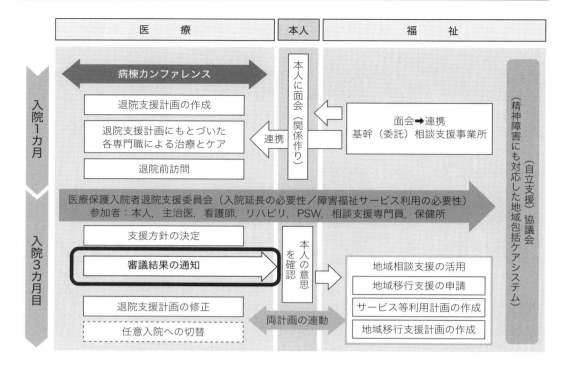

　私は,「サービスを使って退院が延びるのは嫌です」とはっきり言いました。
　委員会の参加者は「星野さんの退院をチーム一丸となって応援します」「外泊をして体を慣らし,家の片づけをすすめて退院を目指しましょう」と言ってくれましたが,私は本当に退院できるのか不安な気持ちが高まり,「私はこれ以上何を頑張ればいいんですか?」と涙声で訴えました。何とも重苦しい空気が流れましたが,その後も皆さんはしばらく私の話を聞いてくれました。

　◎地域移行支援の支給申請
　医療保護入院者退院支援委員会が終了してから1週間後,相談支援専門員の川田さんが相談支援専門員の今井さんと一緒に面会に来てくれました。今日は地域移行支援の説明をうける予定です。
　地域移行支援は入院期間にかかわらず精神科病院に入院していれば対象となります。相談支援専門員の川田さんは今井さんと一緒に来た理由とともに,地域移行支援の説明をしてくれました。
　これまでは川田さんが私の退院に向けて一緒に考えてくれていましたが,家の片づけや外泊の同行,生活用品の準備,退院してからの昼間の過ごし方と仕事への復帰については一般相談支援事業所の今井さんが担当してくださるのだそうです。障害福祉サービスを利用するまでの支援は川田さんが担い,障害福祉サービスを利用するようになると今井さんが担うというように役割分担しているのだそうです。また,今井さんの事業所

別添様式3

医療保護入院者退院支援委員会の結果のお知らせ

星野 一郎 殿

平成●●年●月●日

医療保護入院者退院支援委員会での審議の結果について下記のとおりお知らせいたします。

記

1. 開催日時　平成●●年●月●日（●）●：●●～●：●●

2. 出席者　主治医（●● ●●），主治医以外の医師（　　　　　　　　　　）
　　　　　看護職員（●● ●●　　　　　　　　　　　　　　　　　　　　）
　　　　　作業療法士（●● ●●　　　　　　　　　　　　　　　　　　　）
　　　　　担当退院後生活環境相談員（●● ●●　　　　　　　　　　　　）
　　　　　本人（ (出席) ・ 欠席 ），家族（　　　　　　　　（続柄）　　）
　　　　　その他（　川田相談支援専門員　有田保健師　　　　　　　　　）

3. 入院継続の必要性（ (有) ・ 無 ）

　　　　　【有りの場合のその理由】

> 未だ病的体験に左右されて，また症状に翻弄される中で治療チームを生活の中で信頼する十分な関係構築には乏しく，治療へのアドヒアランスも高くない。このままでは医療中断の可能性が高いため。

4. 今後の推定される入院期間（　3ケ月　　　　　　　　　　　　　　　）

5. 今後の退院に向けた取り組み

> 入院の単なる長期化がかえってアドヒアランスを低下させるだけでなく，生活能力の低下に繋がりやすいので，むしろ，安心できる今後の生活の構築と共に，医療を受け入れてもらうには，地域援助事業者との関係づくりや自宅環境の整備も必要である。よって，自宅復帰の希望を取り入れて，外泊等を重ねる中で病状評価をしながら治療チームとの関係を強化していくこととする。それは，自分の希望に沿った活動の中で変化を感じ取る方が，病識の形成もしやすい可能性が高く，医療への信頼とアドヒアランスを実際の生活に近い状況で獲得してもらうことが必須であるため。加えて，地域移行支援を利用して住まいの調整や日中の過ごし方，相談先の確保を行い安心して退院していただき，それにより再発を予防していく必要がある。

　　　　　　　　　病院名　　　　　　　　　　　　　　　　●●病院
　　　　　　　　　管理者の氏名　　　　　　　　　　　院長　●● ●●
　　　　　　　　　退院後生活環境相談員の氏名　　　　　　　●● ●●

では「ピアサポーター」という私と同じような入院経験を持つ精神障害者がスタッフとして雇用されており，必要に応じて一緒に支援してくれるというお話も聞きました。ピアサポーターは初めて聞きましたが，同じ経験をしたことがあると聞いて心強く感じま

サービス等利用計画（案）

利用者氏名（児童氏名）	星野一郎	障害支援区分		相談支援事業者名	○○相談支援センター
障害福祉サービス受給者証番号	987654			計画作成担当者	今井
地域相談支援受給者証番号		通所受給者証番号			
計画作成日	平成30年4月1日	モニタリング期間（開始年月）	平成30年6月8月10月	利用者同意署名欄	星野 一郎

利用者及びその家族の生活に対する意向（希望する生活）	現在私は48歳です。3年前の45歳頃から電波攻撃の被害で辛い思いをしてきました。3か月前に不本意ながら入院することになり今は○○精神科病院で入院治療を受けています。一日も早く退院したいのですが、家の片付けを手伝ってもらったり、昼間の居場所を見学したい気持ちがあります。退院後の生活環境を整えながら早く退院したいです。
総合的な援助の方針	一日も早く退院できるように、退院後の生活環境を整えたり、昼間の過ごし方を一緒に考えながら、星野さんが安心して退院できるように支援します。
長期目標（約1年後）	仕事を再開して生活保護に頼らず暮らせている。
短期目標（3ケ月後）	退院後の生活環境を整えて自宅に退院できている。

優先順位	解決すべき課題（本人のニーズ）	支援目標	達成時期	福祉サービス等 種類・内容・量（頻度・時間）	提供事業者名（担当者名）	課題解決のための本人の役割	評価時期	その他留意事項
1	自宅の片づけを手伝ってもらいながら退院後の生活環境を整えたい。退院後の外出先を見学したい。	星野さんの希望をふまえて、安心して外泊できるように自宅の片づけを支援します。社会資源の見学を通じて、退院後の過ごし方の参考にできるようにします。	平成30年6月末	【地域移行支援】自宅の片付けを支援します。社会支援の見学調整を行います。外泊時は必要に応じて付き添います。月2回以上の訪問面接等を行います。	一般相談支援事業所○○（担当：今井）（担当：内山）☎・・・・	1．退院後に快適に過ごせるよう支援者（ボランティア含む）と一緒に部屋の片づけをしましょう。2．グループホームや地域活動支援センター等の退院後に活用できそうな社会資源の見学をしてみましょう。	2ケ月毎	必要に応じてピアサポーター（精神障害からの回復者）が、片付けや退院後の生活環境の整備、社会資源の見学に同行します。【モニタリング期間について】地域移行支援におけるモニタリング標準期間は6か月毎であるが、星野一郎さんの地域移行支援においては、医療保護入院退院支援委員会の結果において、「地域援助事業者との関係作り等が医療の受け入れに必要と判断されていること及び、外泊を重ねる中で変化を感じ取る方が、病識の形成もしやすい」と判断されていることから、きめ細やかにモニタリングを行い、ご本人との関係作りと、変化を把握し退院後のサービス等利用計画に反映していく必要があると判断することからモニタリング期間は2か月毎とした。
2	必要な治療を続けながら、早く退院したい。	安心して暮らしていくために、必要な医療を継続的に提供するとともに、試験外泊や自宅修繕計画の作成を支援します。	平成30年6月末	【入院治療（病棟での取り組み）】薬物療法 精神療法 リハビリ訓練（自宅修繕計画）退院前訪問 デイケア見学 外泊訓練	○○精神科病院（担当：医師）（担当：看護）（担当：OT）（担当：相談）（担当：薬剤）☎・・・・	1．病棟と相談しながら服薬やお金の自己管理に取り組みましょう。2．困った時に遠慮なく相談できるように入院中に定期的に看護師面接を行いましょう。3．自宅修繕計画をOTと相談して作成しましょう。	2ケ月毎	

した。お金の心配もしていましたが，地域移行支援は実費以外にお金は発生しないと聞いて安心しました。

　私も家の片づけを一人でするのは大変だと思っていましたし，昼間の居場所を見てみたいという気持ちがあったので，地域相談支援（地域移行支援）を申請することにしました。後日，市役所の小山さんが申請書を持って病院に来てくださり申請書の記入を済ませました。

　事前に川田さんが市役所と連絡を取っていてくれたことや，川田さんと今井さんの連携が良かったこともあり，サービス等利用計画（案）をすぐに作成してもらい，サービス担当者会議もスムーズにすみました。

　その結果，2週間で地域移行支援の支給が決定しました。今井さんは急いで地域移行支援計画（案）を作成し，それをもとに病棟で地域移行支援計画作成会議を開いてもら

地域移行支援計画（案）

これから先6か月の計画です。自分のペースで取り組みます。今の時点の計画です。毎月相談をして，必要な時は見直しをしましょう。

利用者氏名　**星野一郎**　さん　　　　作成年月日　平成30年4月15日

サービス等利用計画の援助の方針	一日も早く退院できるように，退院後の生活環境を整えたり，昼間の過ごし方を一緒に考えながら，星野さんが安心して退院できるように支援します。
（1）長期目標（内容及び期間等）	仕事を再開して生活保護に頼らず暮らせている。（約1年後）
（2）短期目標（内容及び期間等）	退院後の生活環境を整えて自宅に退院できている。（3か月後）

星野一郎さん自身がすることを矢印の中に書き込みます。

	星野さんの期待や不安	そのために協力する人	協力する内容	支援上の留意事項等	協力（支援）の目安 4月～9月
院外での取り組み	自宅の部屋を退院に向けて片付けたい。	今井相談員／内山ピアサポーター／ボランティア	外出時に自宅の片づけを手伝います。	必要に応じてボランティアを手配します。	片づけ（4-6月）
	外出泊時は必要に応じて付き添ってほしい。	後藤相談員／担当看護師／今井相談員	外出時に安全に移動できるように支援します。	外出泊時に困りごとが発生した時は下記に連絡をください。(090-////-////)	外泊（5-6月）
	退院後に利用できる社会資源を見学したい。	内山ピアサポーター	グループホームや就労系の事業所の見学を支援する他，必要な家電製品の購入を支援します。	事前に購入リストを作成しましょう。	見学・購入（5-6月）
院内での取り組み	退院に向けて体調を整えたい。	医師／看護師／薬剤師	内服の調整及び処方内容の説明を行います。内服管理等の支援を行います。	必要に応じて医療と福祉の連携ケア会議を実施しましょう。	内服自己管理練習（4-6月）
	安心して相談できる人がほしい。	担当看護師	お金の自己管理を支援するとともに定期的な面接の機会を設定します。	毎週水曜日13：30～14：00定期面接	お金の自己管理・週一回面接（4-6月）
	自宅修繕計画を作成して修繕を進めたい。	作業療法士	星野さんの技術を活かした金銭的にも無理のない計画の作成をお手伝いします。	お金の負担が少ない方法を検討する。	計画作成（4-6月）

6月中の退院を目指します

【退院後の地域定着支援】
・自立生活援助
・ホームヘルパー
・訪問看護指導

同意日　平成30年4月16日　　利用者名　**星野一郎**　印

指定一般相談支援事業所　〇〇相談支援センター
相談支援専門員（地域移行支援担当者）　**今井**　印

うことになりました。私も会議に参加し，今井さんの他に医師，看護師，作業療法士，薬剤師，退院後生活環境相談員，川田さんが参加して地域移行支援計画を完成させました。計画のなかには医療の役割と福祉の役割が入っています。

今井さんは，私が電波攻撃に悩みながらも長く自宅で生活してきたことを認めてくれる一方で，病棟や川田さんの話から，母親の急死で頼れる人がいないなかで生活が乱れ，ストレスが徐々に高まり症状が悪化していったのではないかと感じていたそうです。そのようなこともあって，服薬や金銭の管理に取り組むほかに，他者に相談することに慣れるために週1回担当看護師と面接する取り組みや，自宅の片づけと外泊などを支援者と一緒にすることを通じて，私が症状の推移を体感できるような内容を計画に入れてくれました。また，グループホームなどの見学や，私が気にしている自宅修繕については，昼間の活動として自宅修繕計画の作成をすることが作業療法士の提案により盛り込

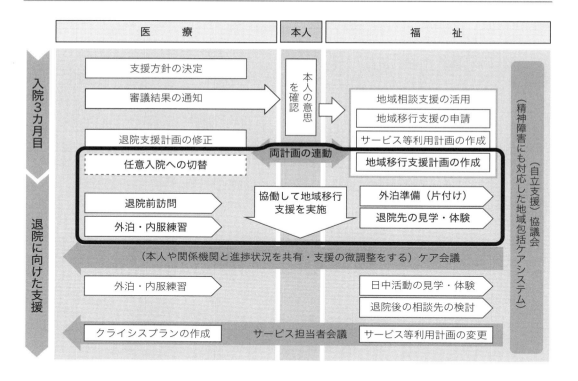

まれました。それらの内容はどの時期に取り組むか時系列に沿ってわかりやすく記載されており，退院の時期は3か月以内になっていました。

◎地域移行支援の実施・前半

いよいよ具体的に計画が動き出します。

私は何よりも自宅のことが気になっていたので，自宅外出を主治医に申し出ました。外出前に主治医が診察を行い，1回目の外出は退院後生活環境相談員と看護師もつき添わせてほしいこと，病院に必ず戻って今後の退院の準備を確実に行ってほしいことが確認されました。私は主治医の説明を了解し，きちんと準備を行うことを約束し，外出前に医療保護入院から任意入院に切り替えてもらいました。入院してから4か月目に入ろうとしていました。

私は後藤さんと看護師の3人で路線バスを使って自宅に向かいました。4か月振りの我が家でほっとしました。自宅前には今井さんが先に着いていました。自宅には2時間ほど滞在し，衣類や本，郵便物などを袋に詰めて病院へ持って行く準備をしました。少し時間があったので，2人にも手伝ってもらって居間の片づけやゴミの分別を行いました。とても一回では片づけきれないので，後日ボランティアの方を手配して片づけをすることにしました。

外出に同行してくれた2人は，①移動および支払能力，②移動時や自宅滞在時の症状変化，③自宅での行動，④屋内外の状況を確認することも役割だったようです。

外出時は電波を感じることはありませんでした。病院に戻るまでのバスのなかで看護

●必要な方には地域相談支援の利用を紹介し，入院中から利用や体験ができるサービスおよび退院後に利用できるサービスを紹介するなど，ご本人の退院意欲の維持と不安の軽減等に配慮する必要があります。そのためにもピアサポーター等の活用も重要です。

●また，地域相談支援の利用には支給決定事務など具体的なサービス利用までに時間がかかることがあります。医療のスピードと福祉のスピードのズレがご本人の意欲減退等につながらないように早めの対応が必要です。

●相談支援専門員等は退院に向けて無理のないペースで地域生活の体験をサポートし，ご本人の意思で暮らし方を決められるように支援しましょう。サービス等を体験することは具体的なイメージ獲得に有効です。

●報酬単価（地域移行支援）

・地域移行支援サービス費（Ⅰ）		3,044 単位／月
・地域移行支援サービス費（Ⅱ）		2,336 単位／月
・初回加算（利用を開始した月に加算）		500 単位／月
・集中支援加算（月6日以上面接・同行による支援を行った場合に加算）		500 単位／月
・退院・退所月加算（退院・退所月に加算）		2,700 単位／月
・障害福祉サービス事業の体験利用加算	・開始日～5日目	500 単位／日
（障害福祉サービスの体験的な利用支援を行った場合に加算）	・6日目～15日目	250 単位／日
・体験宿泊加算（Ⅰ）		300 単位／日
・体験宿泊加算（Ⅱ）		700 単位／日
（一人暮らしに向けた体験的な宿泊支援を行った場合に加算）		
・特別地域加算（中山間地域等に居住している者に対して支援した場合に加算）		+15／100

師から，「何かに集中できていたり，大変なことがないと電波は弱いようですね」と声を掛けられましたが，そう言われればそうだなと思いました。外出から戻ると病棟スタッフは「お帰りなさい，疲れなかった？」「大丈夫？」「ゆっくり休んでね」と温かく迎えてくれました。

それから10日後，今井さんが手配してくれたボランティアの方と一緒に自宅の片づけをするために2回目の外出を行いました。今回は朝9時に出発して16時に戻る予定です。今回は作業療法士が同伴してくれ，自宅では今井さんとピアサポーターの内山さん，ボランティアさん2名が待っていてくれました。皆さんのおかげで無事に外泊できるところまで片付けが進みました。

翌週には内山さんが行き帰りの付き添いをしてくれて無事に1泊外泊をすませました。移動中の車内で内山さんとたくさん話をしたり，一緒に昼ご飯を食べて過ごしました。退院支援計画では自宅以外の住まいについても見学をしてみることになっていたので，外泊から病院に戻る前にグループホームの見学を内山さんと行いました。グループホームは食事も用意してくれて世話人さんがいるので安心できるなと思いましたが，家の修繕をしたり仕事を優先したいので利用しないことにしました。また内山さんと病院から歩いて10分の宿泊型自立訓練施設や民間のアパートなども見学しましたが，同じ理由で断りました。

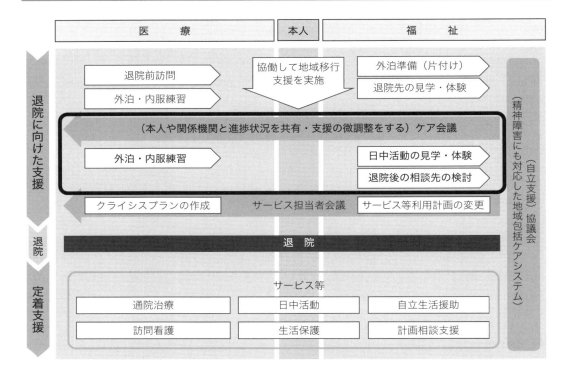

　2回目の外泊のときです。今回の外泊は2泊3日の予定でしたが，外泊中に電波攻撃にあってしまい足が痺れて辛いので，予定より1日早く病棟に戻りました。

　3回目の外泊は予定通り3泊4日行いました。今回も電波攻撃にあったので，病棟に戻るとひどく疲れを感じました。今井さんからは片づけを無理しないように言われていましたが，早く退院したい一心で休む間も惜しんで家の片づけや補修に取り組みました。担当看護師は，頑張り過ぎて疲れが増したことで過敏になったことが電波体験に繋がった可能性，さらに今井さんの助言を受け入れにくく，助言自体もストレスになった可能性もあると感じていたようでした。このような自覚に基づく対処が薄いと，やはり自宅への退院は難しいのではないかという空気が病棟に流れていたそうです。

◎地域移行支援の実施・後半

　数日後，後藤さんが私の気持ちを確認しようと病室を訪ねてきました。私は自宅に退院したいこと，このまま仏壇を放っておいたら先祖に申し訳ないと思っていること，家の修繕をやらなければと気になっていること，入院を続けていたら良くなるものも良くならないと思っていることを話しました。

　私が今までと違う様子になったことを近くで目にしている病棟看護師から退院は難しいのではないかという空気が流れているなかで，後藤さんは私の気持ちを大事にしなければならないという想いと病棟のアセスメントとの間で，今後の進め方について迷い始めていたそうです。そこで，自分たちと異なる外部の視点を求めて，今後の進め方を今井さんにも相談してみたようです。今井さんは川田さんとも相談し，支援の微調整を目

● 地域移行支援が進み退院が現実味を帯びてくると，ご本人が不安な気持ちを訴えてくることがあります。そのような感情の揺れは，環境の変化を目前にした心理的な正常反応なのか，病状の悪化なのかを見極めて対応することが重要です。

● 医療と福祉両者のコミュニケーション不足によって支援の足並みが乱れやすくなるので注意が必要です。医療と福祉のかけ橋の役割が求められている退院後生活環境相談員は地域援助事業者と密に連絡を取り，必要に応じて「ご本人や関係機関と進捗状況を共有・支援の微調整をする」ケア会議を設定する必要があります。

● また，両者の連携においては医療と福祉がそれぞれに得意とする部分を理解しておくことがポイントです。とりわけ薬や体調に関すること，生活リズムや日常生活能力に関することは医療が得意とするところであり，住まいの確保や日中活動先の紹介および余暇や緊急時の相談先の確保等は福祉が得意とするところです。

● **ピアサポーターの効果**
(平成26年精神障害保健福祉等サービス提供体制整備促進事業に関する調査研究「ピアサポートの活用状況に関する調査」より抜粋)

入院精神障害者に対する効果	経験に基づいた当事者独自の視点に立った支援が可能であることや，実際に地域で生活しているピアサポーターの姿から退院後の生活を具体的にイメージできること，また，それによって退院意欲の向上や具体的な行動につながるなどの点が挙げられた。
地域移行後の精神障害者に対する効果	当事者独自の視点からの助言や指導を行える点のほか，仲間として安心感を得たり，地域生活のヒント（生活の知恵やスキル）を得たりすることが地域移行・定着につながる点として挙げられた。
雇用者に対する効果	ピアサポーターとの協働を通じて精神障害者の理解が深まったり，可能性や能力を発見する機会になる点や，精神障害者の支援にあたり，ピアサポーターを通じて当事者の率直な気持ちや受け止め方などの意見を聞いたり，入院患者との接点を拡大することにより，支援の質向上につながる点などが挙がった。

的としたケア会議を開くことを提案してくれたそうです。

　後藤さんが日程を調整し，主治医を含めた病院スタッフと福祉の支援者でケア会議が開催されました。このとき，私は気分が優れず参加しませんでした。参加者は皆，それぞれに私の気持ちを事前に把握してくれていました。担当看護師や作業療法士，相談支援専門員からは，外泊中や作業中は表情が明るく生き生きと活動していること，家の片づけや入院中の作業など集中できることがあるときは電波被害の訴えがないことが報告されたそうです。また，ピアサポーターの内山さんからは，自分自身も退院が現実的になったときに同時に不安感も増してきたことがあったとコメントがあったそうです。主治医からは，電波被害は自宅生活への希望の裏返しとして出ており，しかも外泊自体はできているので，体験を重ねることで焦燥も今後の不安も緩和し，症状も緩和する可能性があると説明があったそうです。改めて経過を振り返ると，私は困ったときには治療スタッフにおずおずと声をかけ，頼ることができるようになっているという振り返りもあったようです。看護師長からは，「治療経過に煮詰まったときには，経過の全体を振り返って患者の変化を見てみると良い」と，まとめがあったと聞いています。その結果，

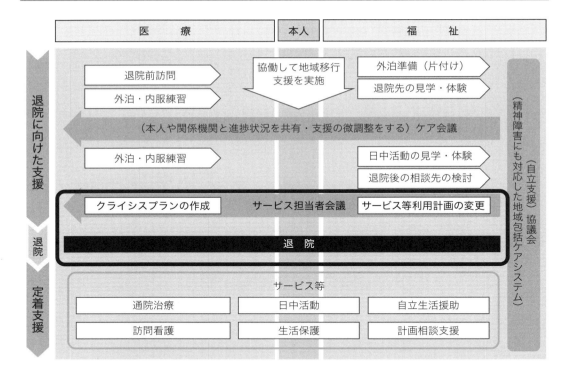

　計画通り退院に向けて外泊を繰り返して様子をみていくこと，引き続き日中活動先の見学を進めていく方向にチームの足並みが揃ったと後藤さんからケア会議終了後に説明を受けました。

　その後，日中活動先の見学に内山さんが付き添ってくれ，就労継続支援B型事業所，地域活動支援センター，精神科デイケアの見学を行いました。しかし，家のことを済ませてから考えたいのでしばらくサービスは使わないと伝えました。日中活動先の見学と並行して外泊を継続したり携帯電話や生活用品を内山さんに協力してもらい揃えたりしました。内山さんは，家電製品や携帯電話に詳しく使い勝手などいろいろ教えてくれました。電波被害は続いていましたが，看護師は「外泊を重ねるたびに顔色が良くなってきていますよ」と言ってくれました。そんなふうに言ってもらいながら，少しずつ退院への自信もついてきたように思います。何よりも，退院しても困ったときには今井さんや内山さんに相談できるという安心感が大きいと思いました。自分が信頼できる人の助言ならば素直に受け入れて，きちんと相談できるようになってきたと思います。

　外泊中も緊急時の練習として，困ったら今井さんに電話相談するように言われていましたが，帰りのバス時間を書いたメモをなくしたときや，米を買いに行ったものの重くて持ち帰れなかったときに電話をかけて助けてもらいました。このように困ったときに誰かに相談できるようになったことは，担当看護師の週1回の面接の効果や作業療法士と一緒に行った作業によるところも大きかったと思います。

危険かな（ピンチかな）と思った時のクライシスプラン

利用者氏名｜星野一郎 さん　　作成年月日｜　　平成30年　○月　×日

私の調子が悪くなる前のサイン	①眠れなくなる ②不眠と食欲不振が3日続く ③電波被害が耐えられないほどひどくなる

サインかなと思ったら……

私のすること	①頓服薬を飲む ②連絡する ③相談する
周りの人にしてほしいこと	相談にのってもらって，入院しないですむようにしてほしい
周りの人にしてほしくないこと	勝手に入院させようとしないでほしい

　　　　相談支援専門員｜○○さん　　連絡先｜××××××××
　　　　　　　　主治医｜○△先生　　連絡先｜××××××××
　　　　行政／福祉課｜○×さん　　連絡先｜××××××××
　　　　　　　　その他｜姉／○□さん　　連絡先｜××××××××

同意日
平成30年○月×日

● 退院後ご本人が危機に陥りそうになったとき，早期対応ができるように退院前に医療と福祉が一緒になってクライシスプランを作成しましょう。
● クライシスプランは，ご本人が自分の言葉で，病状悪化時の自己対処法を語ることが必要なので，安定した状況にある入院中に作成することが有効です。いざという時にどうすればいいかが見えることで，より安心して地域生活へ向かっていけるものです。

◎地域移行支援の最終段階

　退院に向けて任意入院に切り替わってから2か月が過ぎようとしています。主治医も病棟スタッフも，退院の準備がほぼ整ったと感じ始めているようです。服薬に関しては，副作用とその対処の説明を受け，適切な薬剤量調整などの主治医の工夫で以前ほどの抵抗感はなくなってきたように思います。今井さんもこれまでの取り組みを振り返る退院前のケア会議（モニタリング）を開きましょうと言ってくれました。

　これまで支援してきてくれた支援者とこれからの生活を支援してくれる訪問看護ステーション，地区担当保健師，社会福祉協議会の配食サービス担当者でケア会議をして

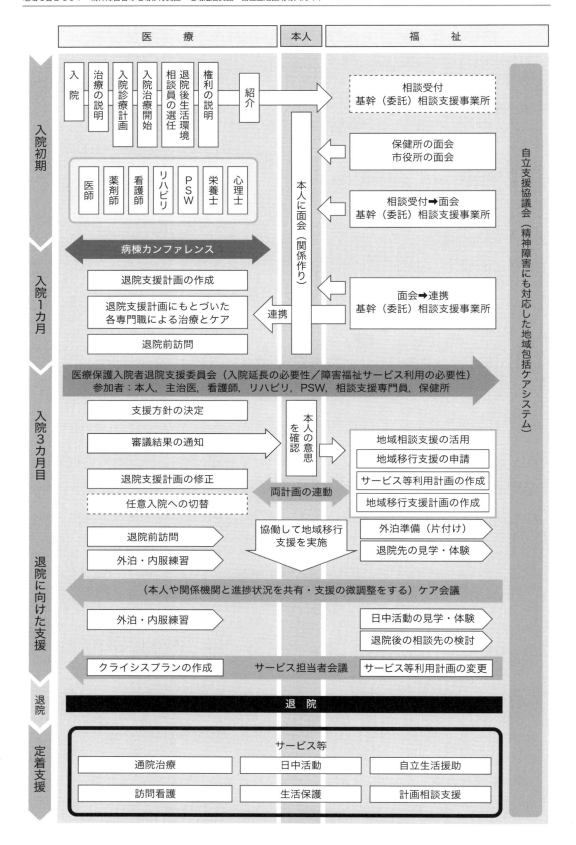

サービス等利用計画（案）

利用者氏名（児童氏名）	星野一郎	障害支援区分		相談支援事業者名	○○相談支援センター
障害福祉サービス受給者証番号	987654			計画作成担当者	今井
地域相談支援受給者証番号		通所受給者証番号			
計画作成日	平成30年10月1日	モニタリング期間（開始年月）	平成30年10月11月12月 平成31年1月(以降2か月毎)	利用者同意署名欄	星野 一郎
利用者及びその家族の生活に対する意向（希望する生活）	半年前に思いがけず○○精神科病院に入院することになり、6か月間の入院治療を終えて無事に退院することができました。当面は実家と先祖を守っていきたいと思います。そのために自宅の修繕を進めたいと思っています。生活が落ち着いたら内山さんのようにピアサポート活動をしたいなぁと思っています。				
総合的な援助の方針	実家とご先祖を守れるように、好調を維持することを目的に必要なサービス等の調整を行います。				
長期目標（約1年後）	自分の特技を生かして仲間や困っている人に役立つ活動に取り組んでいる。				
短期目標（3ケ月後）	好調を維持して、自宅の修繕が完了している。				

優先順位	解決すべき課題（本人のニーズ）	支援目標	達成時期	福祉サービス等 種類・内容・量（頻度・時間）	提供事業者名（担当者名）	課題解決のための本人の役割	評価時期	その他留意事項
1	実家での生活が落ち着くまで書類、家事、診察の付き添い等を支援してほしい。	安心して実家での生活を送れるように、これまでかかわりのある支援者が対応し、日常生活上の相談に応じます。	平成31年4月末	【自立生活援助】定期的な訪問及び随時の通所による支援を行います。家事全般に関する助言、情報提供及び関係機関との連携を行います。サービス提供頻度：当面は隔日【宅配弁当】○○弁当サービス（株）サービス提供頻度：毎夕飯	自立生活援助事業所○○（担当：内山）☎・・・・宅配弁当○○（担当：○○）☎・・・・	1. スーパーで食事を確保しましょう。2. 1週間のお金を1万円でやりくりしてみましょう。3. 書類の整理等を地域生活支援員と一緒に取り組んでみましょう。4. 16時に宅配弁当を受け取りましょう。	毎月	常時の連絡体制（緊急時には下記へお電話ください）☎ 090-0000-0000
2	好調を維持して、健康的に暮らしたい。	必要な医療を継続し、健康的な生活が送れるように支援します。必要時には医療と福祉で連携して星野さんの暮らしを支えます。	必要な期間継続	【通院と内服】通院による症状観察と投薬治療2週間毎【訪問看護指導】バイタルサインのチェック内服管理等の支援健康相談週2回	○○精神科病院（担当：医師）☎・・・・○○訪問看護ステーション（担当：看護）☎・・・・	1. 通院と内服を継続し、辛い症状がある時は早めに診察を受けましょう。2. 内服カレンダーのセットや健康面のチェックを受けましょう。3. 不眠時は頓服を利用しましょう。	毎月	訪問看護24時間電話（医療面に関する緊急連絡は下記へお電話ください）☎ 080-0000-0000 クライシスプランを退院時に作成してあります。（別紙参照）
3	困った時には相談にのってほしい。	星野さんが困りごとを一人で背負い込まないように、関係機関で連携して支えます。また、生きがいにつながる活動を一緒に考えていきます。	平成31年9月末	【自立生活援助】（再掲）【訪問看護指導】（再掲）【生活保護担当】適宜【継続相談支援】モニタリング時	生活保護（担当：○○）☎・・・・○○相談支援センター（担当：今井）☎・・・・	1. 月1回の保護費の受け取りに近況を生活保護担当者に伝えましょう。2. 困った時は話しやすい人に遠慮なく相談しましょう。	毎月	不眠や食欲不振が3日続いた時は訪問看護ステーションに連絡しましょう。電波被害に耐えられないときは市役所の生活保護担当に相談しましょう。

もらうことになりました。ケア会議の結果、自宅へ退院すること、当面配食サービスを利用していくこと、当面は日曜大工をして日中過ごすこと、週1回通院すること、訪問看護ステーションを週2回利用して健康面の安定を図ること、自立生活援助を利用していくこと、眠れなくなったときは頓服を利用すること、不眠や食欲不振が3日続いたときは訪問看護ステーションに連絡すること、電波被害に耐えられないときは市役

所の生活保護担当に相談することを確認しました。これにあわせて今井さんは退院後のサービス等利用計画を作成してくれました。また，担当看護師，ピアサポーターの内山さんと3人でクライシスプランを作成しました。

退院後の体制が無事に整ってきたように思います。電波攻撃の症状は残っていますが，入院中に外出のつきそいや気にしていた片づけなどを一緒にやってもらったおかげで，少しずつ支援してくれる人たちを信じられるようになった気がします。

今回の入院を振り返ってみると，5年前の43歳のときに唯一の身寄りだった母を亡くし，何もかも一人で解決しなければならないという状況と，先祖のために仏壇を守っていかなければならないという想いが重なり，自分でも気づかないうちに大きなストレスがかかったのだと思います。

予期せぬ入院でしたが，入院によって医師や看護師，作業療法士たちの助言で，何もかも一人で抱え込まなくていい，ということを少し実感できた気がします。

入院治療は新たなストレスでしたが，看護師による療養環境の工夫，作業療法士によるストレス環境とのつき合い方の工夫を通じて，自分の能力の再確認や援助者の介入への信頼，また，入院中から退院後に相談できる支援者にも協力してもらって顔なじみになることができたおかげで，退院した後の不安が徐々に軽減されていったのではないかと思います。

入院中に看護師に指摘されましたが，実は収入の少なさもずいぶんと大きな不安要素でした。これについても入院中に生活保護の利用が決まり，お金の不安も解決しました。

◎退院を迎えて……

私は6か月の入院治療を経て，地域移行支援を利用しながら無事自宅に退院することができました。しかし，精神科病院には私より長く入院している人たちがいます。

ピアサポーターの内山さんは，「自分と同じ苦労をしている入院患者さんが，一人でも多く退院して，一度きりの人生をやり直してほしい。そのために自分にできることはこれからも協力していきたい」と，言っていました。

私も自分の生活が落ち着いたら，内山さんと同じような活動をしていきたいと思います。自分の貴重な経験が同じ立場の仲間に役に立つのならという気持ちでいっぱいです。

私は左官ができますから，壁などの補修は任せてください。

事例2 自立生活援助➡地域定着支援
●星野一郎さん

◎**退院後に自立生活援助を利用し始める**

　私は約半年間の入院治療を終え，ようやく自宅に退院することができました。

　入院中から退院後の掃除や片づけ，書類手続きについて居宅介護（家事援助）と自立生活援助のどちらを利用するかを相談支援専門員の今井さんと相談していました。今井さんはそれぞれのサービスの特徴や違いについて説明してくれましたが，自立生活援助の担当者がピアサポーターの内山さんだと聞いて当面は自立生活援助を利用していこうと思いました。退院は嬉しかったですが，前のように電波で攻撃されないかと不安な気持ちもありました。しかし，自立生活援助は週1回は訪問してくれることや，電話相談にのってもらえたり必要時には訪問をしてくれること，何よりも退院前の外泊や買い物で内山さんと仲良くなれたので，新しいヘルパーさんよりも，よく知っている内山さんの方が安心できると思ったことが決め手です。

　自立生活援助のサービスでは，内山さんは地域生活支援員という職名になるのだそうです。退院前にサービス管理責任者と一緒に自立生活援助の契約や個別支援計画の作成を行いました。

　退院直後は1日おきに内山さんが訪問してくれて，不便なことや足りないものがないか，宅配弁当がちゃんと届いているか，よく眠れているかなどについて気にかけてくれました。入院中にずいぶん郵便物が溜まっていたので，内山さんと一緒に整理しました。退院1週間目の通院には内山さんも同行してくれて，家での様子を主治医にわかりやすく伝えてくれました。

　また，退院後も健康的に暮らしていけるように主治医の指示で訪問看護を週2回利用することにしていました。入院中に顔合わせは済ませていたものの，私が訪問看護師に慣れるまでは内山さんが訪問看護師と時間を合わせてくれて週1回は一緒に訪問してくれました。訪問看護師は血圧や体温，体重などを確認するほか，内服カレンダーのセットや薬の飲み心地などを確認してくれました。また，退院までに部屋の片づけを十分にすることができなかったので一緒に手伝ってくれたりもしました。1か月もすると部屋もだいぶ片づきました。

　退院後2週間は，1日おきに内山さんが訪問してくれましたが，私も徐々に生活の勘を取り戻してきたので，3週間目からは間隔を空けてもらい，週2日のペースにしてもらいました。訪問時は片づけ方法や生活費のやり繰りについて相談にのってもらいました。寝つきが悪くて我慢できないときは訪問看護の24時間電話に相談しました。看護師は話を聞いてくれた後，不眠時の頓服を試してみてはどうかとアドバイスをくれました。食欲低下はなかったのでそんなに調子が悪いという自覚はありませんでした。

　私が日曜大工をしていると，内山さんも若いころはいろいろなアルバイトをしてきた

地域移行支援を利用して退所，退院した障害者が，自立生活援助終了後，
地域定着支援による支援を受け，一人暮らしを継続（本書070頁／①-4）

星野一郎さん
統合失調症（48歳・男性）
入院期間：0.5年
孤独感が強く，不安定になりやすい

希望：実家を守って行きたい（先祖を守りたい）！
　　　他者の役に立ちたい。
　　　苦手なこと（調理，金銭管理等）を手伝ってほしい。

背景：43歳時に母が他界してから一人暮らし。

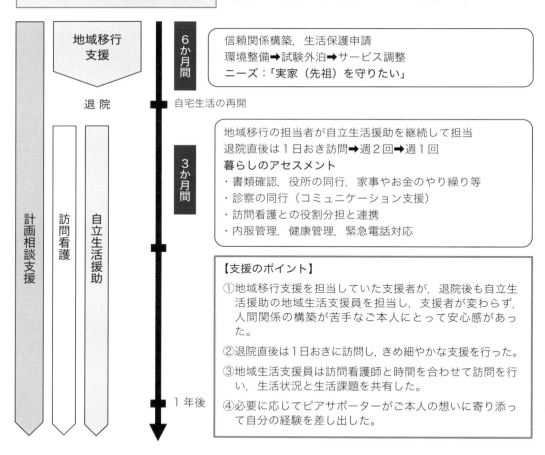

という話になり,お互いの趣味についても話が弾みました。退院から2か月が過ぎた頃から,内山さんの訪問は週1回になりました。2週間ごとの診察には毎回つき添って主治医にどのように生活状況を話すとよいか事前にアドバイスをくれました。かなり良くなってきたので通院も服薬もやめてもいいのではないかと思っていることを内山さんに話すと,「僕もそういう気持ちになって何度もやめて,失敗しました(笑)」「今はうまく生きていくための,お守りだと思って飲んでいます」と言っていたので,もうしばらく飲み続けてみようかと思いました。

◎退院して3か月が過ぎて……

退院して3か月が過ぎました。

相談支援専門員の今井さんは毎月モニタリングに来てくれて,その時々の私の気持ちに耳を傾けてくれました。サービスの使い心地や担当者との相性,苦手なかかわりがないか,急な時間変更やサービスの中止がないか,暮らしに不便がないか,生活に物足りなさを感じていないか,楽しみの時間を作れているかなど,私の生活全般について気にかけてくれました。今のところ電波攻撃はなく,家の補修も済んだので暮らしに不安や不満はありませんが,仕事を再開して生活保護を抜け出したいと思っていました。

3か月目のモニタリングには内山さんも一緒に来て,サービスの見直しについて打ち合わせを行いました。自立生活援助を3か月間利用してみて住環境や生活のペースも整ってきた感覚があります。内山さんが以前から居宅介護を勧めてくれていたので,そろそろ居宅介護を利用してみようかなと思いました。宅配弁当を続けていましたが,ヘルパーさんから食事を用意してもらったり,一緒に掃除や片づけをしてもらえると助かると思い今井さんに希望を伝えました。今井さんは,自立生活援助と居宅介護を併用しながら徐々に内山さんからヘルパーさんにバトンタッチしていきませんかと提案してくれました。私もそのほうが安心できると思いましたので,ヘルパーさんに慣れるまで内山さんの訪問を続けてほしいとお願いしました。自立生活援助は緊急時に電話相談ができることも魅力なので継続できるのは助かります。訪問看護も24時間対応をしてくれますが,健康面以外のことは内山さんに相談したほうがいいと思っています。今井さんは私の希望をふまえてサービス等利用計画(案)を作成してくれました。

後日,居宅介護(家事援助)の支給が決定したという通知が届きました。今井さんと内山さんと一緒に居宅介護事業所のヘルパーさんが来てくれました。私の好みや掃除の仕方などを確認した後で支援が開始されました。退院してから食事はほとんどお弁当だけだったので,温かいみそ汁や煮物が食べられるようになったのはよかったです。ヘルパーさんと一緒にメニューを考えたり,買い物に出かけるようになりました。

内山さんに勧められて,入院中に見学したことのある地域活動支援センターに出かけました。以前はフリースペースの見学だけでしたが,今回はバレーボールの見学に行くことになりました。実は高校時代はバレーボール部に所属していました。まさか障害者スポーツでバレーボールをしているとは思っていませんでしたし,お遊び程度のバレーボールだと想像していましたが,本格的に練習をしている様子に衝撃を受けました。

地域移行支援を利用して退所，退院した障害者が，自立生活援助終了後，
地域定着支援による支援を受け，一人暮らしを継続（本書070頁／①-4）

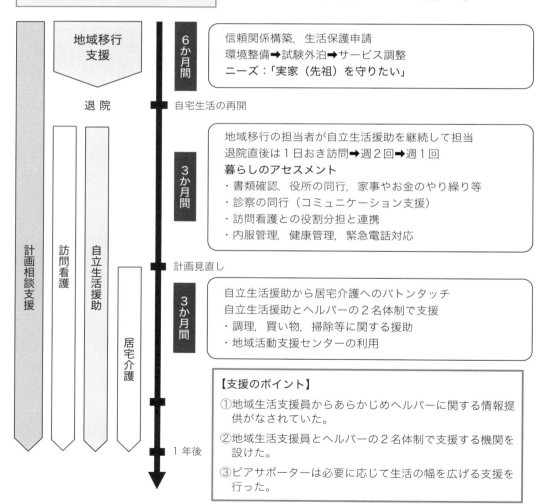

久々にバレーボールをやってみたくなり，内山さんと一緒に練習に参加させてもらいました。身体は思うように動きませんでしたが，いい汗を流せて気持ちがよかったです。数日後，内山さんと練習用の靴やジャージを選びに行きました。今では月2回の練習で仲間と過ごす時間が楽しみになっています。

◎退院して半年が過ぎました……

退院して半年が過ぎました。あっという間の半年でした。

ときどき電波で攻撃されることはありましたが，前のように酷くはありません。

退院したばかりの頃は寝つきが悪いと感じることがありましたが，頓服で対応して乗り越えました。主治医や訪問看護師も好調を維持できていると言ってくれています。

診察に行ったときに，病棟の看護師長と会うことがありました。私の元気そうな姿を見て喜んでくれて，今度，病棟の勉強会で退院後の暮らしぶりをスタッフに話してほしいと頼まれました。一瞬迷いましたが，内山さんがそれはいいですねというので，内山さんが一緒についてきてくれるならやりますと答えました。内山さんにはずいぶんとお世話になりました。特にバレーボールに誘ってもらえたのが良かったです。あれからずっと練習に参加していますが，早く試合に出たいと思っています。

ヘルパーさんとの相性もよく，片づいた部屋でゆっくりと過ごせるようになりました。今井さんとサービス管理責任者はモニタリングで笑顔が増えましたねと言ってくれました。

まだまだ将来の不安はありますが，この間，内山さんのお陰でいろいろな方と知り合うことができました。今井さんは私の暮らしが順調なのでサービスを見直す時期に来ていると言い，今後の私の希望を聞いてきました。

私の目標は内山さんですと伝えました。内山さんのように仕事をして生活保護を抜け出したいことと，内山さんが私のことを応援してくれたように，退院したいと思っている入院患者さんが退院できるように協力したいこと伝えました。でも，私も完ぺきではありません。訪問看護と障害福祉サービスをうまく活用しながら暮らしていったほうがいいと思っています。だから訪問看護とヘルパーは続けていきたいし，緊急時に相談できるサービスは残してほしいとお願いしました。

今井さんは私の暮らしを総合的に判断してサービス等利用計画の変更案を作成してくれました。そこには私の希望通り，訪問看護，居宅介護（家事援助）に加えて地域定着支援が入っていました。

このように，私は自立生活援助を退院後半年間利用して，自分に合った暮らしを支援者と一緒に整えてきました。

地域移行支援を利用して退所、退院した障害者が、自立生活援助終了後、
地域定着支援による支援を受け、一人暮らしを継続（本書070頁／①-4）

星野一郎さん
統合失調症（48歳・男性）
入院期間：0.5年
孤独感が強く、不安定になりやすい

希望：実家を守って行きたい（先祖を守りたい）！
　　　他者の役に立ちたい。
　　　苦手なこと（調理、金銭管理等）を手伝ってほしい。

背景：43歳時に母が他界してから一人暮らし。

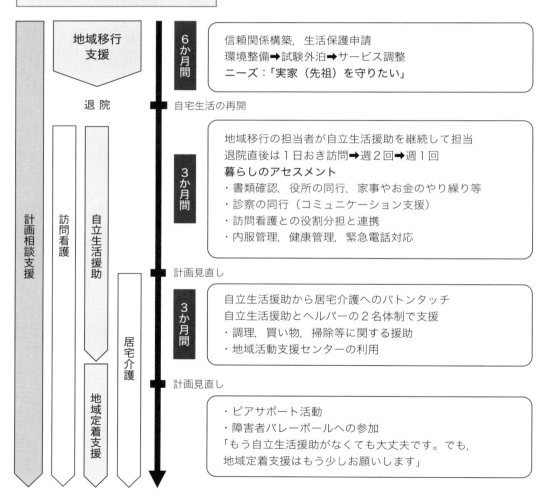

事例3 自立生活援助
◉山田誠さん

　私は山田誠といいます。57歳です。知的障害で療育手帳（軽度判定）をもらっています。80歳になるお母さんと2人暮らしですが，お母さんは糖尿病があり病院に通って薬をもらっています。県外に妹がいますが日常的な交流はなく，近くに身寄りもいません。

　実は糖尿病が悪化したので，お母さんは2週間後に入院しなければならなくなりました。お母さんは慌てて県外に住む妹（母にとっては長女）に連絡していました。入院した時に私のことをどうするか相談しているみたいでした。入院中，妹のところに泊めてもらうことはできないようですし，妹が一時的に同居することもできないそうです。困った妹は基幹相談支援センターに相談することにしたようです。

　翌日，妹が基幹相談支援センターの主任相談支援専門員さんを連れて家に来ました。どんなことを聞かれるのかとても緊張しました。

　主任さんは，はじめに訪問の目的を説明してくれました。その後，主任さんはしばらく妹やお母さんと話をしていました。お母さんは3か月くらい入院するみたいです。また，私が中学校を卒業してから働きに出たことはなく，家業の雑貨店の店番を手伝っていたことや，お父さんが20年前に亡くなってからは店を閉めたこと。お父さんが亡くなってからはお母さんと2人暮らしをしてきたこと。食事の用意や風呂の支度，お金の管理，掃除，ゴミ出し，町内会の役割などは全てお母さんが対応してきたと主任さんへ伝えていました。

　主任さんは，お母さんから一通り話を聞いた後，私にお母さんが入院している間の過ごし方について希望を聞いてくれました。

1. 自宅で一人暮らしを続けていきたいか
2. 施設などで一時的に誰かと一緒に暮らしたいか
3. その他の暮らし方がしたいか

と3つの選択肢を示してきました。私は妹の顔をチラッと見た後で，「この家で暮らし続けたい」とハッキリ希望を伝えました。

　主任さんは笑顔で「わかりました」と言いました。その後で，「誠さんがこの家で暮らし続けるためにどのような応援が必要かを考えたいので，いくつか質問をさせてください」と言いました。

◎主任相談支援専門員のアセスメント
① 普段どこに出かけることが多いですか？→近所のコンビニにお菓子を買いに出かけます。
② コンビニ以外に出かけることはありますか？→3か月に1度，母と一緒に映画を

障害，疾病等の家族と同居している障害者に対し，自立生活援助を行い，終了後，
地域定着支援による支援を受け，地域生活を継続（本書071頁／③-3）

| 山田誠さん
軽度・知的障害（57歳・男性）
高齢，病弱の母と2人暮らしの世帯。
サービス利用歴はなく身の回りの
こと全てを母が実施。 | 背景：糖尿病の悪化で2週間後に母が入院することとなり
基幹相談支援センターに緊急相談あり。ご本人は自
宅で暮らし続けたい気持ち。
別居の妹は県外におり協力は見込めない。 |

中卒後37歳まで
家業（雑貨店）の
手伝い。

約40年間　母が身の回りのことを全て行ってきた。
ご本人はコンビニは行けるが，仲間との交流はない。
ニーズ：「この家で暮らし続けたい」

支援の必要性

2週間後に母入院が必要　➡　基幹相談支援センター受付
　　　　　　　　　　　　　　★ご本人の意思確認アセスメント

基幹相談支援センター　➡　計画相談支援

母の入院3か月

基幹相談支援センターによる簡易的な1次アセスメント

①普段どこに出かけることが多いですか？［日中の過ごし方／外出能力］
　➡近所のコンビニにお菓子を買いに出かけます。
②コンビニ以外に出かけることはありますか？［外出の範囲］
　➡3か月に1度母と一緒に映画を観に出かけます。
③一人暮らしで困った時には誰に相談しますか？［緊急時の相談先］
　➡誰もいません。
④困った時に電話をすることはできますか？［緊急時の手段］
　➡電話は掛けたことがありません。電話には出ます。
⑤ガスコンロを使ったことはありますか？［火気リスク］
　➡使ったことはありません。お湯は電気ポットで沸かします。
⑥タバコやお酒をのみますか？［火気リスク］➡のみません。
⑦食べ物でアレルギーはありますか？［体質リスク］➡ありません。
⑧熱が出やすかったり，体調を崩しやすいですか？［疾病リスク］
　➡元気です。病院はもう何年も行っていません。
⑨家で一人で寝たことはありますか？［一人で過ごす経験］
　➡ありません。
⑩お母さんが入院して一人になると寂しくありませんか？［一人で過ごす経験］
　➡大丈夫だと思います。
⑪お母さんが入院中に私やお手伝いさんが時々おじゃましてもいいですか？
　［支援の受け入れ］➡お願いします。
⑫お母さんが入院中，一緒に市役所へ行ったり，ゴミ出しをしてくれますか？
　［支援の協力度］➡わかりました。

観に出かけます。
③一人暮らしで困ったときには誰に相談しますか？→誰もいません。
④困ったときに電話をすることはできますか？→電話は掛けたことはありません。電話には出ます。
⑤ガスコンロを使ったことはありますか？→使ったことはありません。お湯は電気ポットで沸かします。
⑥タバコやお酒をのみますか？→のみません。
⑦食べ物でアレルギーはありますか？→ありません。
⑧熱が出やすかったり，体調を崩しやすいですか？→元気です。病院はもう何年も行っていません。
⑨家で一人で寝たことはありますか？→ありません。
⑩お母さんが入院して一人になると寂しくありませんか？→大丈夫だと思います。
⑪お母さんが入院中に，私やお手伝いさんが時々おじゃましてもいいですか？
→お願いします。
⑫お母さんが入院中，一緒に市役所へ行ったり，ゴミ出しをしてくれますか？
→わかりました。

　以上のようなことを聞かれました。主任さんは自立生活援助と居宅介護のサービスなどを調整するほかに，生活支援方法を工夫することでお母さんが入院している3か月間の一人暮らしを支えることができそうだと言っていました。
　しかし，お母さんと妹は一人暮らしを支えてもらうイメージが十分に持てず，まだ不安な気持ちがあったそうです。主任さんは，障害福祉サービスを利用するためには市役所への申請とサービス等利用計画が必要だということと，どのような支援がどのようなスケジュールで提供されるのかを詳しく説明してくれました。また，サービス等利用計画を作成してくれる相談支援事業所や自立生活援助事業所と連絡を取りたいというので同意しました。
　主任さんはその場で市役所と各事業所に連絡を取っていました。そして，明日もう一度訪問したいと言うので了解しました。

◎**相談支援事業所の介入**
　翌日，主任さんは市役所と相談支援事業所，自立生活支援事業所のサービス管理責任者を連れて私の家に来ました。
　皆さんは一通り自己紹介をした後，区役所の職員さんがお母さんの入院中も私がこの家で暮らしていきたい気持ちでいること，そして一人暮らしをするために必要なサービスなどを利用したい気持ちがあることを確認したうえで，障害福祉サービスの申請手続きをしてくれました。
　相談支援専門員さんは私の一人暮らしを支えるためのアセスメントを行い，その場でサービス等利用計画を作成してくれました。計画には自立生活援助が必要と記載されて

サービス等利用計画

利用者氏名（児童氏名）	山田　誠	障害支援区分		相談支援事業者名	○○相談支援センター
障害福祉サービス受給者証番号	1234567			計画作成担当者	○○　○○
地域相談支援受給者証番号		通所受給者証番号			
計画作成日	平成30年4月1日	モニタリング期間（開始年月）	平成30年4月5月6月7月以降2か月毎	利用者同意署名欄	山田　誠

利用者及びその家族の生活に対する意向（希望する生活）	僕は高齢の母と二人暮らしをしてましたが、2週間後に母が入院をすることになったので、これから3ケ月間は一人で生活しなければなりません。今まで身の回りのことは母が全部してくれていたので、不安はありますが自宅での生活を続けたいです。僕がこれからも自宅で一人で生活できる方法を一緒に考えてほしいです。また不安なところ（調理，買い物，お金のやり繰り，ゴミ出し，掃除等）を手伝ってほしいです。
総合的な援助の方針	誠さんができること、苦手なことを一緒に整理しながら、必要な手段を見つけて安心して一人暮らしを続けられるように支援します。
長期目標（約1年後）	自宅での生活を続けながら、生きがいをもって暮らせている。
短期目標（3ケ月後）	自分で取り組めること、手伝ってもらうといいことが整理され、必要なサービス等を利用して安心感をもって暮らせている。

優先順位	解決すべき課題（本人のニーズ）	支援目標	達成時期	福祉サービス等 種類・内容・量（頻度・時間）	提供事業者名（担当者名）	課題解決のための本人の役割	評価時期	その他留意事項
1	お母さんが3か月間入院するけれども、その間、自宅で一人で生活できる方法を一緒に考えてほしい。	定期的および随時の訪問等により誠さんの生活状況を把握させて頂きながら、必要な支援を調整し、安心感をもって自宅生活を続けられるように支援します。自立生活援助から居宅介護への切替はタイミングをみて対応します。	平成30年6月末	【自立生活援助】定期的な訪問および随時の通報による支援を行います。家事全般に関する助言、情報提供および関係機関との連携を行います。サービス提供頻度：当面は毎日 【宅配弁当】○○弁当サービス（株）サービス提供頻度：毎夕飯	自立生活援助事業所○○（担当：○○）☎・・・・・ 宅配弁当○○（担当：○○）☎・・・・・	1. 食事の確保と買い物につき添ってもらいましょう。 2. 1週間のお金を1万円でやりくりしてみましょう。 3. 地域生活支援員と一緒に朝のゴミ出し、部屋の掃除をしてみましょう。※お風呂の準備を手伝ってもらいましょう。 4. 16時に宅配弁当を受け取りましょう。	毎月	常時の連絡体制（緊急時には下記へお電話をください）☎ 090-0000-0000 地域生活支援員さんのサービス提供時には、誠さんに無理なく段階的に取り組めるよう配慮をお願いします。ときどき地域生活支援員から誠さんへ電話を入れて困りごとを抱えていないかの確認をお願いします。
2	お母さんが入院している時は面会などに出かけて親孝行したい。	お母さんの状況を踏まえて、誠さんの気持ちを大事にしながらこれからの暮らし方を一緒に考えていきます。また、サービスの使い心地等を把握して、誠さんにあった支援を考えていきます。	平成30年9月末	【継続相談支援】福祉サービス等の利用調整、基本相談やモニタリング時における面談、サービス担当者会議を実施します。モニタリング頻度：3か月間は毎月実施（その後、2か月毎）	特定相談支援事業所○○（担当：○○）☎・・・・・	1. 一人暮らしで困ったことがあったら担当者にお電話をください。電話がなくても週に1回は担当者が電話をかけるので電話に出ましょう。 2. お母さんの面会に担当者と一緒に出かけましょう。	毎月	必要に応じて、妹さん、市役所、基幹相談支援センターの主任さん、地域包括支援センターの職員さんとお母さんと暮らす方法について連絡を取らせて頂きます。らくらくフォンの利用について検討していきます。
	いろんな人とかかわりながら生きがいをもって暮らしたい。	誠さんの興味や関心に合わせて具体的な外出先等を一緒に考えていきます。自立生活援助から移動支援への切替はタイミングをみて対応します。	平成30年6月末	【自立生活援助】定期的な訪問および随時の通報による支援を行います。余暇活動や地域交流に関する助言等を行います。サービス提供頻度：当面は毎日	自立生活援助事業所○○（担当：○○）☎・・・・・	1. 地域生活支援員さんと将棋の時間を作りましょう。 2. 映画等に一緒に出かけましょう。	3か月毎	

いました。私の一人暮らしを想定して，自立生活援助のサービス提供内容として優先度の高い順に，食事の確保及び買い物等に係る支援，金銭管理に係る支援，ゴミ出しに係る支援，保清や掃除に係る支援が計画に記載してありました。留意事項には無理なく段

階的に取り組めるように配慮した支援をしてほしいと書いてありました。

　普段は障害福祉サービスが支給決定されてから自立生活援助の職員さんが個別支援計画を作成してくれるそうですが、今回は2週間後にはサービス提供を開始する必要があるということで、相談支援専門員さんは自立生活援助のサービス管理責任者さんにも事情を説明して、同席を依頼していました。

　相談支援専門員さんがサービス等利用計画を作成している間に、私はサービス管理責任者さんと将棋の話をしていました。私は中学校を卒業してから友達が減っていったので、寂しさを埋めるように一人で将棋を指してきたこと、好きな食べ物やテレビ番組、最近見た映画などの話をしました。会話の中で、今まで私が一人で寝起きしたことがないことや、自分で電話を掛けたことがないことから、サービス管理責任者さんはしばらく朝晩に訪問しようと思っていると言っていました。

　同席していた妹や母はサービス等利用計画の内容を見て少し安心したようです。妹も週末は実家に来てくれるそうです。

　お母さんが入院する3日前に自立生活援助の支給が決定したので、相談支援専門員さんは急きょサービス担当者会議を私の家でしてくれました。参加者は私の他に、お母さん、相談支援専門員、サービス管理責任者、地域生活支援員でした。相談支援専門員さんがサービス等利用計画に基づいて支援内容を改めて説明してくれました。サービス管理責任者さんは、お母さんが戻ってくるまで私が安心して暮らせるように地域生活支援員と一緒に応援していきたいと思っていること、また、少しずつ買い物やお金のやり繰りができるようにしていきたいと思っていると言っていました。はじめの1週間は安全を確認するために毎日朝晩訪問してくれるそうです。ゴミ出しの日は私ができるように助言すると言っていました。私は、サービス管理責任者さんが提案してくれた支援内容が良いと思ったので、「よろしくお願いします」と返事をしました。

◎サービスの開始

　お母さんが入院する前日の朝から自立生活援助のサービスがスタートしました。初日は地域生活支援員さんが朝9時に来てくれて私とお母さんに挨拶だけして、また夕方訪問すると言って帰りました。私は毎朝7時には起きて身支度をすませます。夜は10時に布団に入っています。

　お母さんが入院してからは、地域生活支援員さんが夕方訪問してくれたとき、2日おきに入浴と洗濯について助言をしてもらいました。お風呂をためられれば自分で入れます。その後も1週間は朝晩と訪問してくれて、ゴミ出しの仕方を見守ってくれました。ゴミの分別は自分でできます。家から100メートルほどの距離にゴミ出しの場所があるので、2週間目からは一人でゴミ出しができる気がしました。食事については昼と夜に宅配弁当を届けてもらっています。朝はコンビニでサンドイッチと牛乳を買って済ませています。1週間分の生活費として妹が週末に1万円届けてくれて、お金が不足することなくやり繰りができています。何か困ったことが起きたら緊急電話をするように個別支援計画に記載してありましたが、特に困るような出来事は起きませんでした。昼間

障害，疾病等の家族と同居している障害者に対し，自立生活援助を行い，終了後，
地域定着支援による支援を受け，地域生活を継続（本書071頁／③-3）

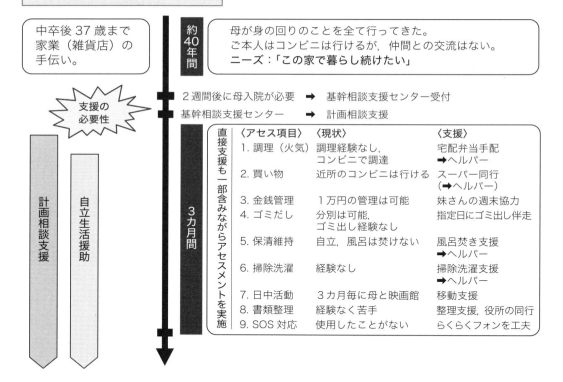

はいつものように詰将棋をしたりNHKの番組を見て過ごしていました。

2週間目からは1日おきに地域生活支援員さんが訪問してくれて，洗濯をしたり干し方を教えてくれました。訪問のない日は夕方，地域生活支援員さんから電話がかかってきました。掃除は週末に妹が泊りにきてくれた時に一緒にしました。

3週間目からは週2回の訪問になりました。私も少しずつ一人暮らしに慣れてきたと思います。地域生活支援員さんや相談支援専門員さんも表情が明るくなったと言ってく

自立生活援助計画(パーソナルリカバリープラン型)

1週間ごとにステップを積み上げていきますが,3か月ごとに全体の見直しを行います。

| 利用者氏名 | 山田 誠 さん | 作成日 平成30年4月7日 | 作成担当者 ○○ ○○ |

私(利用者)の目標(新しい生き方の再発見の各領域を達成するのに意味があり,重要な目標)

お母さんが入院している3か月間,少し手助けしてもらいながら自宅の暮らしを続けられている。

なぜ,その目標が私(利用者)にとって重要ですか

大事なお母さんが退院した後もこの家で一緒に暮らしていきたいし,今まで全部お母さんにやっていてもらったから,自分でできることは今のうちに少しずつできるようにしておいた方がいいと思ったから。妹にもあまり迷惑かけたくないし……。

今日,何をしますか 【達成するために,測ることのできる短期間(今日とは限らない短期間)のステップ】	誰が責任を負いますか (実行する人)	いつ達成しますか (達成期日)	実際の達成日	コメント
①朝ご飯を買いに行きます。 ②お弁当を宅配してもらいます。	①山田誠 ②地域生活支援員	①毎日実施します。 ②4月7日	4月14日	①近所のコンビニで毎朝,調達しました。 ②昼と夜にお弁当を届けてもらいました。
③1週間分のお金が不足しないように生活支援員さんと相談しながらやり繰りします。	③山田誠 (地域生活支援員)	③4月14日	4月14日	③お金が不足することなくやり繰りできました。1,500円余っています。
④生活支援員と一緒に朝のゴミ出し,部屋の掃除をします。	④山田誠 (地域生活支援員)	④4月14日	4月14日	④生活支援員さんと一緒にゴミ出しをしました。来週からは自分でやってみます。

上記の目標リストは私の新しい生き方の再発見の各部分の達成に重要です。	この人にとって上記の目標は重要であることを認めます。いつでも私は喜んでこの目標に向かってこの人が進むことを手伝います。
本人サイン 山田 誠	サービス管理責任者サイン ○○ ○○

れました。相談支援専門員さんは1か月目のモニタリングで安全に一人暮らしが行えていること,地域生活支援員さんとの相性も良くサービス利用満足度も高いと評価したそうですし,引き続き良好な関係作りを行い自立生活援助の継続が必要と判断したそうです。また,地域生活支援員さんやサービス管理責任者さんと会議を行い,自立生活援助による生活全般のアセスメントが完了した時点で徐々に居宅介護の利用に切り替えていく方針であることを関係者間で共有したそうです。

　自立生活援助の利用から2か月が過ぎました。この間,妹と一緒にお母さんのお見舞いに行ってきました。お母さんは入院中に転倒し足の骨にひびが入ってしまったらしくベット上での療養が続いているようです。私はお母さんが本当に退院できるか不安な気持ちになりました。

　面会の後,相談支援専門員さんと今後の暮らしについて話し合いをしました。相談支援専門員さんは,私がゴミ出しや洗濯などができるようになったので,お母さんが退院した後も続けてほしいと言っていました。また,調理や掃除などお手伝いが必要な部分には居宅介護(ホームヘルパー)を紹介したいと言っていました。私もそのほうがいいなと思ったので,相談支援専門員さんと居宅介護(家事援助)の支給申請とサービス等利用計画(案)の変更を行いました。支給決定がされた後,居宅介護支援事業所の担当ヘルパーと顔合わせを行い,その後,自立生活援助事業所の地域生活支援員さんと居宅

介護事業所のヘルパーさんが，週2回一緒に訪問してくれるようになりました。

◎居宅介護が導入され，お母さんが退院してきました

お母さんが入院してから3か月がたちました。

自立生活援助と居宅介護のサービスにもずいぶんと慣れてきた気がします。お陰様で一人暮らしも順調です。コンビニ以外に近所のスーパーにも一人で行けるようになりました。宅配弁当も利用していますが，週2回はヘルパーさんが食事を作ってくれます。私も地域生活支援員さんの指導でご飯を炊けるようになりました。また，みそ汁は電気ポットでお湯を沸かしてレトルトで対応する提案を受けて実施しています。洗濯干しや取り込み，掃除はヘルパーさんと一緒に行っています。

ある日，相談支援専門員さんから3か月ごとに楽しんでいた映画鑑賞にヘルパーさんと一緒に出かけてみませんかと声をかけてもらいました。掃除などを手伝ってくれるヘルパーさんが移動支援で一緒に出かけてくれるそうです。移動支援を初めて利用するときはヘルパーさんの他に地域生活支援員さんも一緒についてきて支援の様子を見守っていてくれました。

3か月の入院治療を終えてお母さんが帰ってきました。骨折後の影響で歩く機会が少なかったせいか，お母さんは手すりにつかまりながらゆっくりとしか歩行できません。入院中に要介護度の変更申請が行われ，要介護度2と判定されました。自宅での入浴が難しそうなことと，身体を動かす機会を確保したほうがいいと介護支援専門員さんに勧められて，お母さんは週2回のデイサービスを利用することになりました。

退院前に相談支援専門員さんと介護支援専門員さんは，世帯を支えるための情報連携会議を私，お母さん，妹を交えて行ってくれました。その結果，お母さんの体調が悪いときやお母さんが困っているときに，妹や訪問看護ステーションに連絡をとることと，1日3回のお茶の用意（水分補給）をすることが私の役割になりました。また，相談支援専門員さんはお母さんの状態が変わって（レベルダウンして）退院してくることから，引き続き2か月間は自立生活援助で週1回の定期訪問と私が緊急時に相談できるようにしておいたらどうかと言ってくれました。

◎お母さんが退院して2か月がたち……

お母さんが退院して家に戻ってきてから2か月がたちました。足取りもしっかりしてきたと思います。お母さんの洗濯や部屋の掃除をしてあげると，お母さんはいつもありがとうと言ってくれます。

お母さんには長生きしてほしいので，1日3回の水分補給も続けています。お母さんが時々甘いものを食べたがるので，駄目だよと注意することもあります。

相談支援専門員さんは私たち2人の生活状況を踏まえてそろそろ自立生活援助を終了しませんかと言ってきました。利用から5か月過ぎますが，地域生活支援員さんが勧めてくれた将棋連盟にも行き始めました。また，地域生活支援員さんやヘルパーさんのお陰で身の回りの家事に自信がついたので，私も終了でいいと思いました。しかし，

障害，疾病等の家族と同居している障害者に対し，自立生活援助を行い，終了後，
地域定着支援による支援を受け，地域生活を継続（本書071頁／③-3）

山田誠さん
軽度・知的障害（57歳・男性）
高齢，病弱の母と2人暮らしの世帯。
サービス利用歴はなく身の回りの
こと全てを母が実施。

背景：糖尿病の悪化で2週間後に母が入院することとなり
基幹相談支援センターに緊急相談あり。ご本人は自
宅で暮らし続けたい気持ち。
別居の妹は県外におり協力は見込めない。

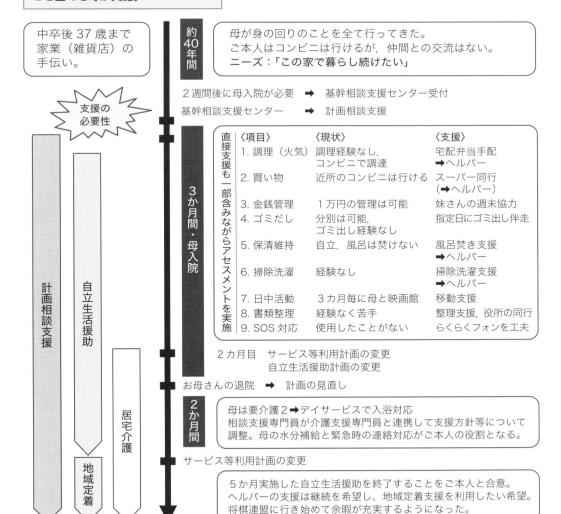

中卒後37歳まで家業（雑貨店）の手伝い。

約40年間
母が身の回りのことを全て行ってきた。
ご本人はコンビニに行けるが，仲間との交流はない。
ニーズ：「この家で暮らし続けたい」

2週間後に母入院が必要 ➡ 基幹相談支援センター受付
基幹相談支援センター ➡ 計画相談支援

3か月間・母入院
直接支援も一部含みながらアセスメントを実施

〈項目〉	〈現状〉	〈支援〉
1. 調理（火気）	調理経験なし，コンビニで調達	宅配弁当手配 ➡ヘルパー
2. 買い物	近所のコンビニは行ける	スーパー同行（➡ヘルパー）
3. 金銭管理	1万円の管理は可能	妹さんの週末協力
4. ゴミだし	分別は可能，ゴミ出し経験なし	指定日にゴミ出し伴走
5. 保清維持	自立，風呂は焚けない	風呂焚き支援 ➡ヘルパー
6. 掃除洗濯	経験なし	掃除洗濯支援 ➡ヘルパー
7. 日中活動	3カ月毎に母と映画館	移動支援
8. 書類整理	経験なく苦手	整理支援，役所の同行
9. SOS対応	使用したことがない	らくらくフォンを工夫

2カ月目　サービス等利用計画の変更
　　　　　自立生活援助計画の変更

お母さんの退院 ➡ 計画の見直し

2か月間
母は要介護2➡デイサービスで入浴対応
相談支援専門員が介護支援専門員と連携して支援方針等について
調整。母の水分補給と緊急時の連絡対応がご本人の役割となる。

サービス等利用計画の変更

5か月実施した自立生活援助を終了することをご本人と合意。
ヘルパーの支援は継続を希望し，地域定着支援を利用したい希望。
将棋連盟に行き始めて余暇が充実するようになった。

緊急時に駆けつけてもらえる地域定着支援だけはもう少しつけてもらっていたほうが安心ですと希望しました。

今は週2回の居宅介護（家事援助），地域定着支援，移動支援の障害福祉サービスを利用しながらお母さんと二人暮らしを続けています。

> **コラム** 「障がいのある人」という言い方
>
> 　障害者という用語について，最近は法律名を除いて「障がい者」という表記を行政が積極的に使うようになっています。私も周囲に流されるように普段は「障がい者」と書くようにしています。しかし，「害」を使わなくなったからといって，偏見が減ったかというと，よくわかりません。単なる自己満足のようにも思えます。ちなみに英語圏では，「disabilities」「the disabled」「handicapped」などが使われていましたが，最近では，障害よりも先に人であることを大事にする考え方が重視され，「person with disabilities」という言い方がよく使われるようです。米国では差別を禁ずる法律も，「Americans with Disabilities Act of 1990（障がいのあるアメリカ人法）」となっています。
>
> 　先日，ある自治体の障害福祉計画策定委員会に参加したときのことです。最後の委員会が終わろうとしたときに，自閉症のお子さんを持つ委員が口を開きました。「この計画には『障がいのある人』と何度も出てくるけど，私はこれを見るたびに悲しくて涙が出そうになる。とても冷たい感じがして，他の家族の方はそう思いませんか？」と。他のご家族は困惑した表情で何も発言されませんでした。私は，「障がいはその人の一部であるという考えから，このように使うことが多くなってきたように思います。そうお感じになる委員がいるなら，この計画では別の使い方を提案してもよいと思います。他にもっとしっくりくる言い方がありますでしょうか？」と発言しました。するとその方は，悲しそうな顔をして，「ほかのご家族はそう感じないんですね……。別の言い方……，私にとってはこの言い方がつらく感じるというだけなんです……。修正しなくていいです」とおっしゃられ，会は終了しました。この方は言い方を変えてほしかったのではなく，自分の気持ちをわかってほしかったのです。それに気づけず，「どんな表現なら？」と聞いてしまったことをあとで深く反省しました。それから，「ショウガイシャ」を表す言葉としてより適切な言い方はないかと考えるようになりました。読者の皆さんは，どんな表現を使っているでしょうか？　また，それを聞いた人はどう感じているでしょうか。

事例4 自立生活援助／活用のポイント
●田中さくらさん

　私は田中さくらといいます。27歳です。広汎性発達障害で精神保健福祉手帳3級を所持しています。

　私は両親から自立したくて3か月前からアパート生活をスタートしました。実家ではお母さんと口論になることが多かったので，アパート生活を開始するにあたっては，相談支援専門員さんと相談して地域定着支援の支給を受けました。転居したばかりの頃はお母さんとのやりとりでイライラすることがあり緊急電話をかけることも多かったですが，2週間もするとイライラすることも少なくなりました。

　転居して2か月が過ぎた頃に相談支援専門員さんに就労移行支援を利用したいと相談しました。自立に向けて働いたお金で一人暮らしを続けていきたいと思ったからです。相談支援専門員さんは就労移行支援事業所の見学につき合ってくれました。いくつか見学をすませた後で体験利用を行い，就労移行支援の支給決定を受けました。

　就労移行支援をスタートして1か月が過ぎた頃です。利用先の人間関係がうまくいかなくてイライラするので毎日のように地域定着支援に電話をかけていました。自分の感情を上手にコントロールできず，興奮するときもあったので，夕方，緊急時訪問をしてもらうことが多くなりました。時々大声を出してしまうのでアパートの住民から大家さんに苦情がいくようになったようです。そんなとき，相談支援専門員さんから自立生活援助を利用してみてはどうかと提案されました。自立生活援助を活用して，私がどのようなときに精神的に不安定になりやすいのかをきめ細かにアセスメントしたうえで，解決策を検討していきたいということだったのでお願いすることにしました。

　自立生活援助の地域生活支援員さんは，私と一緒に大家さんにお詫びに行ってくれたり，就労移行支援事業所に来てくれて利用中の私の様子を確認してくれたり，就労支援員さんと情報交換を行っていました。併せて，週1回のペースで曜日と時間を決めて1時間の面接を定期的に設けてくれました。

> **●ポイント**　定期的な訪問（面接）により，丁寧にアセスメントを積み重ねることがその後の支援の基盤となります。また，そのアセスメントをしっかり活かし関係者との適時・適量の情報共有（連絡調整）を繰り返すことが重要です。

　相談支援専門員さんは月に1回，就労移行支援事業所のサービス管理責任者さんと自立生活援助のサービス管理責任者さんと3名で，支援情報の共有と支援の振り返りを行うケア会議を実施していました。その結果，私には定期的に話を聞いて孤独感を軽減していくことが有効であること，気持ちを言葉にすることでストレスが軽減されること，私が取り組むことについてはノートにわかりやすくまとめると実行しやすいことがわかってきたそうです。

地域定着支援を利用している障害者に対し，自立生活援助を行い，終了後，地域定着支援を再開し，一人暮らしを継続（本書070頁／②-2）

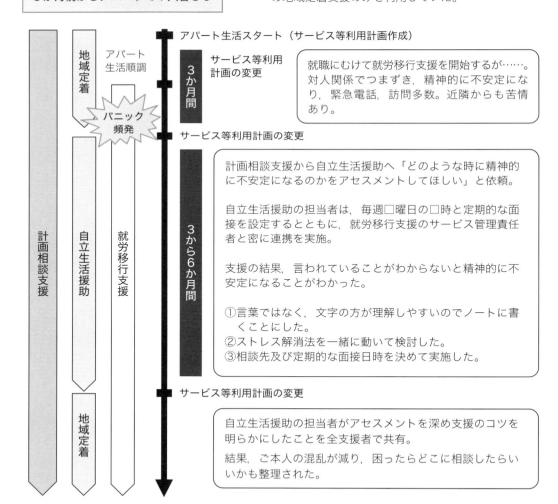

> ●**ポイント**　自立生活援助を利用して，状況の整理やその後の生活に活かせるクライシスプランを実生活に即してつくることもできます。計画相談支援（サービス等利用計画）としっかり連動させ，次の支援につなげます。

　地域生活支援員さんと相談して，ストレスを解消するために，部屋の模様替えや，いろんなハーブティーをいれてみることに取り組んでみました。また，混乱したときにいろんなところに電話をしてさまざまなアドバイスを受けると余計に混乱してしまうことがわかったので，地域生活支援員さんと一緒にどんなときにどこに相談するか，相談窓口の整理をしました。

　このような取り組みを3か月実施したところ，パニックを起こすことがずいぶん減っていきました。その後，さらに3か月間，自立生活援助を利用した後は相談支援専門員さんと相談して，自立生活援助から地域定着支援に再びサービスを切り換えました。

事例5 自立生活援助／活用のポイント
●鈴木ひとみさん

　私は鈴木ひとみといいます。38歳です。中度の知的障害で療育手帳Bを所持しています。お母さんとお兄ちゃん（42歳）と3人で暮らしていましたが，1年前にお母さんが急に亡くなって，お兄ちゃんと二人暮らしになってしまいました。お兄ちゃんは仕事が忙しいので毎日帰りは夜10時頃だし，ほとんど話ができません。

　お母さんが亡くなってから外出しないで家にいることが多くなったので，「私の姿を見かけなくなった」と心配した近くの民生委員さんが家に様子を見にきてくれました。そのときにお兄ちゃんは，私がお風呂に入らなかったり，身だしなみを気にしないことだったりに，「どうしたらいいか困っている」と話していました。今まで私のこと（身のまわりのこと）はお母さんが全部やってくれていたから，お兄ちゃんがそう言うのも仕方ないなあ，と思いました。

　私の今の生活を知った民生委員さんは障害者相談支援センター（委託相談支援事業所）というところに相談するようにお兄ちゃんに話していました。だけど，お兄ちゃんは仕事を休めないので代わりに民生委員さんが連絡を取ってくれました。障害者相談支援センターの職員さんはすぐに家に来てくれて，私の生活について聞いてくれました。また，お兄ちゃんや民生委員からも話を聞いていました。この1年間はあまり家の外に出ることがなかったし，もともと初めての人が苦手だったので，私はうまく話せませんでした。こんな私の様子を見た職員さんは，ゆっくりと関係を作る必要があるし，障害福祉サービス（自立生活援助）を利用して身だしなみを整えたり，お母さんと暮らしてたときみたいに外出したりできて，楽しんで暮らせるようになれるといい，と提案してくれました。また，私が「緊張してしまうのでは」と心配して「女性のスタッフがいい」とも考えてくれたようです。

　障害者相談支援センターの職員さんは女性のスタッフさんが多い相談支援事業所を紹介してくれました。そこは私が利用するサービス（自立生活援助）をやっていて，担当の人（地域生活支援員）は前に特別支援学校でも働いていた女性ということだったので，私に勧めてくれたそうです。

　それから，職員さん（相談支援専門員）が家に来て，いろいろと話をして，サービスの説明をしてくれたので，計画相談支援の契約をしました。その後，障害福祉サービス（自立生活援助）の利用の申し込みをしてくれました。職員さんが，私の希望を聞いてサービス等利用計画（案）を作ったり，話をするのにみんなを集めてくれて（サービス担当者会議），自立生活援助の利用を始めました。

　担当の地域生活支援員さんは50代の女の人でした。サービス管理責任者から，①体重の減少，②抑うつ状態，③一人での外出が難しそう，④整容面の課題があると聞いていたとのことです。個別支援計画に書いてあったみたいに，はじめの1か月は私との信頼関係作りに力を入れてくれました。一緒に買い物につき添ってくれて，私が食べや

障害,疾病等の家族と同居している障害者に対し,自立生活援助を行い,終了後,地域定着支援による支援を受け,地域生活を継続(本書 071 頁／③-3)

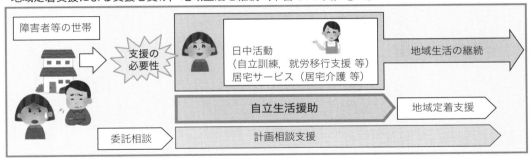

鈴木ひとみさん
中度・知的障害(38歳・女性)
サービス利用歴なし。母が他界(1年前)してから兄と2人暮らしをしている。

背景：母,兄(42歳)と3人暮らしだったが,1年前に母が急死して兄(仕事多忙)と2人暮らしになる。母が亡くなった頃から外出する姿を見かけなくなり,心配した民生委員が訪問したところ,兄もどのように支援したらいいか(入浴,身だしなみ)手をこまねいていた。

- 特別支援学校卒業後,1年前までは母と兄との3人暮らし。
- 家族同居ではあるが,従来は母が一手に支援をしていた。兄は日中仕事をしているため支援が困難と判断

■ 特別支援学校卒業

約20年間
整容や外出の付き添いなど,母が身の回りのことはほとんど母が行ってきた。兄は仕事も忙しく,ご本人との交流はほぼない状況。
ニーズ：「この家で暮らし続けたい」

■ 1年前　母が亡くなる➡兄と二人暮らし／外出の機会がなくなる
■ 1年前　民生委員「姿を見かけない」➡委託相談支援事業所
■ 　　　　委託相談➡計画相談支援

6か月間
自立生活援助の担当者が定期巡回して
【関係作り】と【アセスメント】を実施
①体重の減少　　　②抑うつ状態
③1人での外出は困難　④整容ができない
上記の課題に対して支援を実施
①買い物に付き添って食事内容について助言
②定期的に巡回し,精神状態の把握
③外出先の検討及び青年教室の見学対応
④入浴と着替えの促し,美容院利用に関する援助
相談支援専門員と情報の連携

■ 7か月目　サービス等利用計画の変更
　　　　　　居宅介護の導入

2か月間
自立生活援助担当者(53歳女性)の支援により課題①②については改善
課題③について「行事が楽しい」➡移動支援
自立生活援助から居宅介護へバトンタッチ
④入浴の声掛けと介助及び整容をヘルパーが支援

■ 9か月目　サービス等利用計画の変更
　　　　　　地域定着支援の導入

自立生活援助の担当者のかかわりにより,実は「同年代の友達が欲しかった」というニーズが分かり,月2回の青年教室の参加を楽しみにしている。
兄も安心して仕事を続けている。

すそうなパンやデザートを勧めてくれたりしました。天気のいい日は少し遠回りして閉じこもり気味だった生活を少しずつ変えてくれました。そんななかで私の表情も明るくなっていったと，後から話してくれました。

> ●**ポイント** さまざまな機会を通した関係づくりが重要です。また，自宅訪問だけでなく同行支援を用いて町の中で生活場面を共にすることで，アセスメントを深め，次の支援のヒントを得ることができます。

地域生活支援員さんは週2回のペースで家に来てくれて，私の体調を気にかけてくれて食事のアドバイスや外出先の相談にのってくれました。2か月くらいして，地域生活支援員さんに慣れてきた頃，お風呂の提案をしてくれました。お風呂から出た後で私が長い髪をドライヤーで乾かすのに苦労していたら，地域生活支援員さんがこつを教えてくれました。お母さんがいた頃はいつも髪を乾かしてもらっていたことを思い出しました。そのことがきっかけでいろいろとお母さんの話をするようになりました。その後，お花を買ってお母さんのお墓参りにも行きました。

> ●**ポイント** 実際の生活場面で状況の把握を丁寧に行い，生活に必要な工夫を一緒に考えます。暮らしに活かせる具体的な情報提供をご本人にとってわかりやすく行うことが重要です。

また，お母さんが亡くなってからずっと髪を切っていなかったのですが，地域生活支援員さんと外出している途中にお母さんといつも行っていた美容院があったので，地域生活支援員さんにその話をすると，一緒に美容院に入って髪を切る日を決めてくれました。

◎利用から半年が過ぎ……

自立生活援助がスタートしてから半年が過ぎようとしています。最初に課題と言われていた，①体重減少や，②抑うつ状態は良くなって少し元気になりました。最近では月1回，青年教室に出かけて趣味の手芸に取り組んでいます。

職員さん（相談支援専門員）が様子を見に来てくれて（モニタリング），地域生活支援員さんの知っていること（アセスメント）を聞いて，私とお兄ちゃんに居宅介護（身体介護）と移動支援の利用を提案してくれました。「それがいい」と了解すると，サービス等利用計画を変更して，移動支援で月1回の青年教室と週1回の散歩や運動の手伝い，居宅介護（身体介護）で入浴の声掛けと介助，整容をお願いできるようになりました。

その後，地域生活支援員さんは「支援の引き継ぎが必要」と言って，移動支援や居宅介護を利用するときに一緒にいてくれたりしました。

> ●**ポイント** 別のサービスを導入する際には丁寧にバトンタッチをし，本人の安心感を支えます。他のサービスとの併給期間をうまく活かして，次の支援者にアセスメント情報をしっかりと渡すことも重要です。

　自立生活援助を利用して，地域生活支援員さんと関わるなかで，私は同じ年代の友達が欲しいという希望も話すことができました。今では月2回青年教室に参加して，行事をとても楽しみにしています。

　お兄ちゃんは安心して仕事を続けています。民生委員さんも，私に「笑顔が戻った」と喜んでくれました。

コラム　優生保護法と精神科病床数

　最近，優生保護法にもとづいて行われた強制不妊手術がニュースを賑わすようになっていますが，この優生保護法は1948年に施行され，1996年に母体保護法に改正されるまで続きました。宮城県の60代の女性が知的障害を理由に強制的に不妊手術をされたことは憲法違反だとして国家賠償請求を起こし，それをきっかけとして全国で声があがりました。手術を受けた人の数は，わかっているだけで1万6,000人と言われています。知的障害，精神障害だけでなく，遺伝性疾患や先天性の聴覚障害なども対象とされました。この法律の第1条には，「優生上の見地から，不良な子孫の出生を防止するとともに，母性の生命・健康を保護することを目的とする」とあります。この法律が平成8年まで存在していたことも驚きですが，この思想自体を精神保健医療や障害者福祉の関係者によって促進されていたという事実にも衝撃を受けました。当時の記事には，「精神障害者の遺伝を防止するため優生手術の実施を促進するための財政措置を講ずること」とした陳情書や不妊手術に肯定的な意見が掲載されています。

　同じ頃，こちらも国民の要請に応えるようにして，精神科病床数が増加の一途をたどり始めています。本来，なくてもよかったはずの地域移行支援が現在必要とされているのも，病床数を必要以上に増やすことになった「この時代」に根源があるのかもしれません。この1950年代とその後の経済発展していく社会の中で障害者が隔離され，公認された不妊手術が行われ続けたことが，いまだに国民の意識に根強く残る優生思想を連綿と育んでしまいました。この思想に基づき現代において引き起こされた「津久井やまゆり園事件」という痛ましい事件を2度と起こしてはいけません。

　60年以上前に公然と示された「障害を持って生まれてくることや生まれた子どもの親に障害があることは不幸である」という考えを改めていくには，今から60年かかるのでしょうか。そして，精神科病床数を適正な数にしていくにも60年かかるのでしょうか。今の時代を生きるわれわれの責任として，これを短縮していかなければなりません。

事例6 自立生活援助／活用のポイント
●佐藤美咲さん

　私は佐藤美咲といいます。33歳です。統合失調症で精神保健福祉手帳2級を所持しています。

　実家を離れて，同じ町にあるグループホーム（共同生活援助）で2年間生活して，一人暮らしをする自信がついたので，いよいよアパート生活を始めることになりました。

　グループホームでは世話人さんのサポートもあったので，薬の管理や掃除ができるようになり，今は病状も安定しています。世話人さんとアパート探しをしたところ，今の町に気に入った物件がなくて，隣町に希望通りの物件があったので今のグループホームから5km離れたアパートに入居することに決めました。

　今まで実家のある町以外に住んだことがなかったので，引っ越しが近づくにつれて不安が膨らんできました。ガスコンロを上手に使えるか，どこのスーパーで買い物したらいいか，ATMをうまく操作できるか，ゴミはいつ出したらいいか，美容院はどこに行けばいいか，不安が次から次に浮かんできました。

　そんな私の様子は世話人さんからサービス管理責任者さんへ伝わり，相談支援専門員さんへも伝わったようです。その後，引っ越しの1か月前に相談支援専門員さんは関係者を呼んでケア会議を開いて，引っ越し後の私のサポートについて検討してくれました。私は「一人暮らしをしていつかは素敵な彼氏と結婚したい。彼氏ができたらアパートでハンバーグを作って食べさせてあげたい」と話しました。

　相談支援専門員さんは，アパートは自由を満喫できる一方で，寂しさを感じたり，日常的に相談にのってくれていた世話人さんがいなくなるので，新しい場所でも安心して気軽に相談ができる人が必要ではないか，と話してくれました。私もそう思いました。

　幸い，グループホームと同じ法人が自立生活援助というサービスを行っていることと，世話人さんが私のアパートの近くを通って通勤していることがわかりました。そこで，アパートでの生活に慣れるまでの間に限定して，自立生活援助のサービスを提供してもらえるかどうか相談支援専門員さんが確認してくれました。その結果，「大丈夫」と返事をもらえたそうです。

　世話人さんが定期的に訪問してくれたり，必要な時に電話相談にのってくれると安心できると思ったので，相談支援専門員さんと話をして，サービス利用の手続きと計画（サービス等利用計画）の変更をお願いしました。

◎アパートに引っ越してから……

　自立生活援助が利用できるようになり（支給が決定し），無事に引っ越しも済みました。アパートへ移った後も世話人さんが地域生活支援員として相談にのってくれたので，安心して一人暮らしをすることができました。けれど，寂しさも同時に感じました。

自立生活援助終了後，地域定着支援による支援を受け，一人暮らしを継続（本書070頁／①-3）

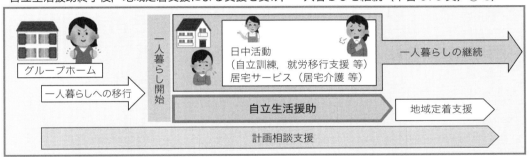

佐藤美咲さん
統合失調症（33歳・女性）
グループホームを2年間利用して，隣町でのアパート暮らしを開始。

背景：グループホームを2年間利用し，単身生活に自信がついた美咲さん。アパート生活を開始するにあたり，薬の管理や掃除などは大丈夫だが，鍵やガスの取り扱い，お金や書類の対応，土地勘のなさの不安に対して自立生活援助（グループホームスタッフ）の利用をスタートした。

グループホームでの生活で自信がついて念願の一人暮らしへ

グループホームでの生活を通して家事や体調管理ができるようになった。一人暮らしに自信はあるが，不安に感じていることもある。
ニーズ：「楽しみながら一人暮らしをしたい」

共同生活援助　自立生活援助　地域活動支援センター

2年間
生活全般の支援を目的にグループホームのスタッフが自立生活援助の担当になることでアパートへ引っ越すこととなる。

支援の必要性

アパート生活開始➡環境の変化
自立生活援助の導入

2か月間
グループホームの担当者が自立生活援助の担当を継続（安心感）
自由を満喫／寂しさの実感
暮らしのアセスメント
環境の変化（隣町）への戸惑い
・IH→ガスコンロ　・通院　　　　・相談相手
・鍵の管理　　　　・ATMの使い方
・お店の選択　　　・郵便物　　　・ゴミだし

計画相談支援　自立生活援助　居宅介護　地域定着

慣れ始める➡計画の見直し
居宅介護の導入

4か月間
自立生活援助を通じて
※大丈夫になったこと
・コンロ，鍵の管理，ATM，美容院
※まだ自信がないこと
・郵便物やスーパーはドキドキする
・急な通院が不安
自立生活援助から居宅介護へバトンタッチ

だいぶ慣れてくる➡計画の見直し
地域定着支援の導入

「訪問販売などの新しい出来事に遭遇したときや急な通院をするときのために，地域定着支援を利用したいです」
「新しい土地にずいぶん慣れてきましたが，もう少しヘルパーさんに買い物を手伝って欲しいです」

いちばん手間取ったのは鍵の開け閉めとガスコンロの使い方でした。グループホームの鍵と違ってなかなかうまく開け閉めができません。引っ越してから地域生活支援員さんと一緒に何度も練習をしてようやく慣れました。また，グループホームではIHコンロだったので火事の心配がありませんでしたが，アパートはガスコンロです。IHコンロのときは自動で火力が弱まりましたが，ガスコンロは自分で調節が必要です。これには慣れるまでに時間がかかりました。地域生活支援員さんが「使っていないときは元栓を閉めておくと安心」だとアドバイスしてくれたので，使い終わるたびに元栓を閉めるようにしています。そんなやりとりが引っ越してから1週間ほど続きました。

　鍵やガスコンロに慣れてきましたが，通院経路やATMの使い方も今までと違ったので慣れるまで地域生活支援員さんがつき添ってくれました。そして2か月もすると自分だけできるようになりました。

　買い物も新しいスーパーに慣れるまでは大変でした。グループホームのときに使っていたお店よりも大きくてどこに何があるのかわからず地域生活支援員さんと買い物をしてもクタクタになりました。

> ●ポイント　新しい暮らしを始めてみてからわかる「困りごと（＝工夫のしどころ）」が多くあります。オーダーメイドの支援を心掛け，ご本人なりの工夫の仕方が身につく時間に伴走します。

　居住環境の変化は大きなストレスですが，地域生活支援員さんの支援でこの2か月間は調子を崩すこともなく，一人暮らしをしています。スーパーにも慣れてきたので，買い物は自分だけでできそうだと思っていましたが，品物選びに苦労したり，計算がうまくできない私の姿を見た地域生活支援員さんは，買い物の支援を受けられるように相談支援専門員さんに相談してみませんか？　と助言してくれました。

　後日，相談支援専門員さんのモニタリングで買い物のときにうまくやりとりできないことが心身の疲労につながっているので，もうしばらく買い物支援があったほうが良いことと，将来ハンバーグを彼氏にごちそうしたいという想いを踏まえて調理支援も導入してはどうかと提案してくれました。私もその通りだと思ったのでサービス等利用計画を変更してもらうことにしました。

　スーパーまでは自分で行くことが出来るので，ヘルパーさんとスーパーで待ち合わせて買い物を支援をしてもらう計画になっています。

　このように相談支援専門員さんは自立生活援助の利用を通じて明らかになった私の力や周囲の環境を再確認してくれて，地域生活支援員（自立生活援助）さんのきめ細かいサポートから支援が必要な部分だけにヘルパー（居宅介護）さんを利用できるように調整してくれました。

　アパート暮らしに慣れてきたとはいえ，まだまだ油断はできません。

◎自立生活援助から居宅介護サービスへの橋渡し……

　自立生活援助から居宅介護に切り換えると担当者が変わるので仲良くやれるか心配で

した。そこで，相談支援専門員さんは対人関係の再構築を丁寧に行っていくことを考えて，サービス担当者会議を開いて，自立生活援助と居宅介護を両方使える期間（併給期間）を4か月間と提案してくれました。その4か月が終わる頃には引っ越してから半年になります。半年経てば何とか大丈夫だと思いました。相談支援専門員さんは必要なときに話を聞いて（モニタリング），自立生活援助の延長も考えてくれていた，とのことでした。その後，自立生活援助とヘルパーを一緒に使いながら生活をしてヘルパーさんにも慣れました。そこで，引越してから半年というタイミングで「何かあったときには相談したい」と思い，自立生活援助の利用を終えて，地域定着支援というサービスを使うことにしました。

> ●**ポイント**　他のサービスへの橋渡しが自立生活援助のポイントです。
> 自立生活援助は，その人の暮らしを支える仕組みをつくるために，非公式なものも含む資源との「つなぎ」の役割を果たします。

　その後，私は近くの地域活動支援センターにときどき通いながら地域の料理教室に参加しています。まだ彼氏はいませんが，料理の腕はずいぶんあがったのでアパートに友達を呼んで食事会を楽しんでいます。一方，急な訪問販売員が来るとうまく断れず困って緊急電話に相談して，断り方を教えてもらっています。

コラム 施設コンフリクト

　今なお時折耳にする「グループホーム設立反対」など地域住民からの声。社会全体を見ると，いわゆる「忌避施設」として，原発，刑務所，ゴミ処理施設，風俗店，遊技場，最近ではカジノや保育園にも反対運動が起きている。海外では，「その必要性は認めても，自分の家の裏にできるのはイヤ」という意味で"Not In My Back Yard"の頭文字をとって「NIMBY（ニンビー）」というらしい。反対する理由はさまざまだが，衛生・環境汚染・騒音などによる健康被害や風紀への影響，不動産の資産価値低下など経済的な影響への不安が考えられる。では，これらの施設が設置されるにはどのような妥協点があるのだろうか。それぞれの施設に忌避される要因があると思われるが，その忌避される要因やそれに伴う不安が軽減されるか，一方で忌避される要因を上回るメリット（行政による振興策，雇用の創出など）が地域にもたらされることなどが妥協点を左右する。原発については，事故が起こり不安が増幅されたために，今までの振興策と折り合いがつかず，妥協点がまったく変わってしまった。

　全国的に障害者のグループホームは増えつつあるが，どのように折り合いをつけているのだろうか。グループホームの開設にあたって，法的に住民に対する説明は必要ないが，その多くはひっそりと開設しているのだろうか。もし，不安を軽減し，設置に住民が納得できるメリットがあるとしたらどうだろうか。もはや説明会もひっそり開設も必要なくなるのではないか。残念ながら，今のところ地域住民に"地域共生社会"をいくら説いても，効果を期待できるとは思えない。しかし，地域住民が自分事として考えられるような施設のあり方であれば，葛藤が起こらず，折り合う必要もなくなるのかもしれない。そして，実際にそれを目の当たりにし，またメリットを実感した住民は，次のグループホーム設立には諸手を挙げて迎え入れてくれるはずである。"地域共生社会"は実態を伴うことで初めて走りだせるのではないだろうか。われわれの仕事は，精神障害者が安心して暮らし続けられる社会を作ることに常に向かっているはずである。そのために何ができるかを実践していかなければ，目標に近づくことができない。筆者の勤務する法人では，かつて障害者のグループホームの設置に説明会を開いて二度反対されたことがある。一方で認知症のグループホームは反対されなかった。その後，2か所の障害者グループホームを設置したが，自治会長の理解を得て，隣近所には挨拶に伺ったが，説明会は開かなかった。そして，今年度からは，すべての施設が自治会に加入し，自治会幹部や民生委員と地域の福祉について定期的な話し合いの場を持つことをスタートした。

　障害者のグループホームがYIMBY（Yes In My Back Yard）になるために，皆さんの地域では何ができるだろうか。それぞれの地域に合った方策について仲間と議論し，小さなことからでもまずは実践していくこと，それが実態の伴った地域共生社会を作っていく礎になるはずである。

V

Q&A

◉現場で生じた疑問や課題を解決していくために参照するもの
◉地域相談支援(地域移行支援給付)と地域定着
◉地域相談支援(地域移行支援)について
◉地域相談支援(地域定着支援)について
◉自立生活援助について

●現場で生じた疑問や課題を解決していくために参照するもの
（平成30年7月1日時点）

《法律等》

障害者の日常生活及び社会生活を総合的に支援するための法律（平成17年法律第123号）（以下，総合支援法）	自立生活援助や地域相談支援が総合支援法に基づくサービスとして規定されている。
障害者の日常生活及び社会生活を総合的に支援するための法律施行令（平成18年政令第10号）（以下，施行令）	総合支援法の中で「政令で定める」とされている内容が規定されている。
障害者の日常生活及び社会生活を総合的に支援するための法律施行規則（平成18年厚生労働省令第19号）（以下，施行規則）	総合支援法の中で「厚生労働省令で定める」とされている内容が規定されている。

《事業所の人員・設備・運営に関すること》

障害者の日常生活及び社会生活を総合的に支援するための法律に基づく指定障害福祉サービスの事業等の人員，設備及び運営に関する基準（平成18年厚生労働省令第171号）（以下，基準省令）	自立生活援助の人員，設備及び運営に関する基準が規定されている。
障害者の日常生活及び社会生活を総合的に支援するための法律に基づく指定障害福祉サービスの事業等の人員，設備及び運営に関する基準について（平成18年12月6日障発1206001号厚生労働省社会・援護局障害保健福祉部長通知）（以下，解釈通知）	自立生活援助の人員等に関する基準の趣旨及び内容を示した解釈通知。
障害者の日常生活及び社会生活を総合的に支援するための法律に基づく指定地域相談支援の事業の人員及び運営に関する基準（平成24年厚生労働省令第27号）（以下，地域相談支援基準省令）	地域相談支援の人員及び運営に関する基準が規定されている。
障害者の日常生活及び社会生活を総合的に支援するための法律に基づく指定地域相談支援の事業の人員及び運営に関する基準について（平成24年3月30日障発0330第21号厚生労働省社会・援護局障害保健福祉部長通知）（以下，地域相談支援解釈通知）	地域相談支援の人員等に関する基準の解釈を示した通知。

《報酬に関すること》

障害者の日常生活及び社会生活を総合的に支援するための法律に基づく指定障害福祉サービス等及び基準該当障害福祉サービスに要する費用の額の算定に関する基準（平成18年厚生労働省告示第523号）（以下，報酬告示）	自立生活援助の報酬及び加算が規定されている告示。
障害者の日常生活及び社会生活を総合的に支援するための法律に基づく指定地域相談支援に要する費用の額の算定に関する基準（平成24年厚生労働省告示第124号）（以下，地域相談支援報酬告示）	地域相談支援の報酬及び加算が規定されている告示。
障害者の日常生活及び社会生活を総合的に支援するための法律に基づく指定障害福祉サービス等及び基準該当障害福祉サービスに要する費用の額の算定に関する基準等の制定に伴う実施上の留意事項について（平成18年10月31日障発第1031001号厚生労働省社会・援護局障害保健福祉部長通知）（以下，留意事項通知）	自立生活援助及び地域相談支援の報酬及び加算に関する基準の留意事項を示した通知。

※告示の中で「別に厚生労働大臣が定める」とされている内容については，別の告示で規定されている。
※各法律・告示等の年月日は，施行初年度となっており，改正後の文書がある場合がほとんどであるため注意すること。

●その他，自立支援給付の支給決定や，地域相談支援給付決定等の際に市区町村や相談支援事業所等が参考とするものに「介護給付費等に係る支給決定事務等について（最終改定平成30年4月1日）」（以下，事務処理要領）や，「障害福祉サービス等に関するQ&A」等がある。

●上記については，厚生労働省のホームページで確認することができる。また，それぞれの規程は下図のような関連性をもち，上位の規程を下位の規程が否定することはできない。

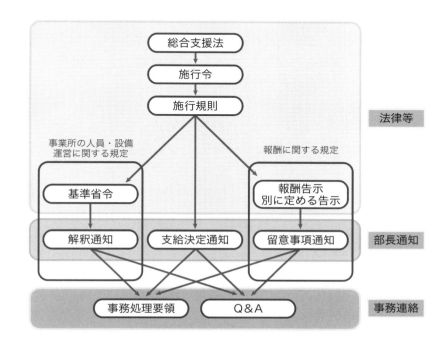

※本書Q&Aの1・12・16〜23の問いおよび回答は「厚生労働省障害福祉課事務連絡／平成30年度障害福祉サービス等報酬改定等に関するQ&A VOL.1」（平成30年3月30日）の問92〜94・62〜68より転載したものです。

●地域相談支援（地域移行支援）について

Q1 ［地域移行支援の対象者］「介護給付費等の支給決定等について（平成19年3月23日，障発第0323002号障害保健福祉部長通知）」の第五-2-(1)が改正されたが，対象者の範囲が変更となるのか。

A1 地域移行支援の対象者は，障害者支援施設等に入所している障害者又は精神科病院に入院している精神障害者であるが，精神科病院の入院期間が1年未満の者等を一律に対象外としている事例が生じていることから，入院

の期間や形態に関わらず支援の対象であることを明確にするために改正したものであり，対象者の範囲を変更するものではありません。

地域移行支援給付の導入，対象者について

Q2 入院形態が任意入院で，かつ入院期間も1年未満の方だが，入院前住居に戻れない事情があり，支援がないと入院の長期化が危惧されている。そういった方も地域移行支援は利用できるのか？

A2 精神科病院（精神科病院以外で精神病床が設けられている病院を含む）に入院している方については，入院期間，入院形態によらず，支援の必要が認められれば利用できます。

Q3 知的障害で精神科病院に長期入院している人でも地域移行支援は利用できるのか？

A3 給付決定を受けることができる方の要件は，地域相談支援基準第1条に定められており，要件に当てはまる方であれば利用することができます。

Q4 65歳以上であっても，地域移行支援は利用できるのか？

A4 65歳以上の方には介護保険サービスが優先されますが，地域移行支援のようなサービスメニューは介護保険サービスにありません。介護保険サービスで相当するものがない場合には障害福祉サービスを利用できるので，地域移行支援は年齢によらず対象となります。

Q5 精神科病院に入院中の方の地域移行支援の申請を受けたが，その方は以前にも一度地域移行支援を利用している方だった。必要性が認められれば，複数回の利用は可能なのか？

A5 1人につき1回しか支給できない，という性質のものではありません。その方にとって地域移行支援というサービスが必要だと市町村が認めた場合には支給の対象となります。

［考え方，参照とするもの等］地域相談支援基準第1条において地域移行支援の対象となる障害者支援施設等が示されていますが，その他省令，告示等において，上記の質問の様な状況の方々を対象外にするという文言はどこにも出てきません。あくまでその方にとって地域移行支援というサービスが必要かどうかで判断することになります。

Q1,2｜地域相談支援基準／第1条
Q3｜総合支援法／第7条，事務処理要領／第2-Ⅶ-2-(2)-イ-(イ)
Q4｜事務処理要領／第2-Ⅶ-1-(2)-ア，イ，等

居住地特例について

Q6 病院に住所のある者が地域移行支援を申請する場合，申請窓口となる市町村（支給決定市町村）は，何処が適当なのか？

Q7 入院前の住所がA市であるが，入院中にB市（現在入院している市）に住所変更しており，退院後はB市で暮らしたいと希望している方について。申請先はどちらの市になるのか？

Q8 入院前の住所地の市に申請するのが原則とのことであるが，本人が退院先として希望している別の市に申請したいと希望しているが可能か？

A6, 7, 8 入院前に有した居住地になります。また，継続して二つ以上の精神科病院に入院している方については，最初の入院前に有した居住地の市町村が，支給決定を行うことになります。

[考え方，参照とするもの等] 総合支援法第19条「介護給付費の支給決定」において示されていますが，いずれにおいても「施設等所在地の支給決定等事務及び費用負担が過大とならないよう，居住地原則の例外として，一定の施設等の入所・入居者は，入所等する前に居住地を有していた市町村を支給決定等及び給付の実施主体として取り扱うとする（居住地特例）」となります。

Q6, 7, 8｜総合支援法／第19条3，事務処理要領／第1-Ⅱ，等

請求について（体験宿泊）（退院・退所月加算）

Q9 支援中，体験宿泊中に体験通所もした場合，同日に体験宿泊加算と障害福祉サービスの体験利用加算を算定できるのか？

A9 できます。例えば，退院希望先が現在入院している場所から遠方の場合，日帰りで体験を往復することは難しく，そういった場合は体験宿泊を数日行い，その間に体験通所を実施する，ということも考えられます。

Q10 委託契約を結んだ有料老人ホームを利用した場合でも，体験宿加算は算定することができるのか？

A10 | 当該有料老人ホームが，指定障害福祉サービス事業者（居宅介護の指定を受けている）であり，委託契約に基づいて体験宿泊を行った場合であれば，算定することができます。

Q11 | 退院日が1日となる場合，退院月加算の扱いはどうなるか。

A11 | 前の月に算定できます。退院又は退所日が翌月の初日等の場合においては，退院又は退所月の前月において支援が行われることとなるため，退院又は退所月の前月において算定できます。

［考え方，参照とするもの等］
Q9, 10｜地域相談支援報酬告示｜第1-5
Q11｜地域相談支援報酬告示｜第1-3

Q12 | ［地域移行支援サービス費（Ⅰ）］地域移行支援サービス費（Ⅰ）を算定する事業所の要件の一つに，「1以上の障害者支援施設又は精神科病院等（地域移行支援の対象施設）と緊密な連携が確保されていること」とあるが，「緊密な連携」とは具体的にどのような状況が想定されるのか。また，どの程度の頻度で行う必要があるのか。

A12 | 例えば，
●地域相談支援給付決定障害者の退院，退所等に向けた会議へ参加
●地域移行に向けた障害福祉サービスの説明，事業所の紹介
●地域移行など同様の経験のある障害当事者（ピアサポーター等）による意欲喚起のための活動などが想定され，おおむね月1回以上行っていることが目安となります。

●地域相談支援（地域定着支援）について

地域定着支援の導入と支給決定について

Q13 | A市住民の方がB市の病院に入院していて，今度B市のアパートに退院することになった。計画相談と地域移行支援は現在A市が支給中。退院後に地域定着支援が必要だと本人含め関係者で合意してはいるが，その際の支給先はB市になってしまうのか？

A13 B市のアパートに退院ならB市になります。

Q14
同居の家族が高齢となり，体調不良もあって本人の対応が難しくなってきたとのことで，地域定着支援の利用の申請があった。同居家族がいる場合でも支給できるか？

A14 必要性が認められれば支給可能です。

[考え方，参照とするもの等] 原則的に支給決定市町村は本人の住民票上の住所になりますが，退院時に所管がA市からB市へ移るような場合は，予め両市による調整が必要です。退院時に地域定着が給付されないなどの不利益が本人に及ばないよう，必要性をアセスメントした時点で現支給決定市町村と共有しましょう。

例え同居家族がいたとしても，その家族の高齢，障害等の状況から必要性が認められれば地域定着支援の対象となり得ます。家族と同居，ということで一律に対象外とはならないことに注意が必要です。

平成24年厚生労働省令｜第27号
留意事項通知｜第三／地域相談支援報酬告示に関する事項／2指定地域定着支援（2）
事務処理要領｜事務処理要項／第2-Ⅶ-1-(2)-ア，等

更新について

Q15 地域定着支援は1年以上の利用はできないのだろうか？

A15 可能です。

[考え方，参照とするもの等]

事務処理要領において「地域定着支援は，則第34条の42第1項において給付決定期間を1年間までとしている。対象者や同居する家族等の心身の状況や生活状況，緊急時支援の実績等を踏まえ，引き続き地域生活を継続していくための緊急時の支援体制が必要と見込まれる場合には，1年間の範囲内で給付決定期間の更新が可能である。（更なる更新についても，必要性が認められる場合については更新可）」と更新を妨げない旨が示されています。

同じく「地域移行支援は，長期にわたり漫然と支援を継続するのではなく，一定の期間の中で目標を立てた上で効果的に支援を行うことが望ましいサービスであるため，則第34条の42第1項において給付決定期間を6か月間までとしている。この期間では，十分な成果が得られず，かつ，引き続き地域移行支援を提供することによる地

域生活への移行が具体的に見込まれる場合には，6か月間の範囲内で給付決定期間の更新が可能である。なお，更なる更新については，必要に応じて市町村審査会の個別審査を経て判断すること」と示されています。

総合支援法｜第22条
省令｜平成24年厚生労働省令第27号
留意事項通知｜第三／地域相談支援報酬告示に関する事項／2 指定地域定着支援（2）
事務処理要領｜第2-Ⅶ-14-（2）-イ-（ア）（イ），等

Q16 ［緊急時支援費（Ⅱ）］緊急時支援費（Ⅱ）については，深夜の電話による相談対応を行った場合に算定されるが，深夜の時間帯であれば，相談の方法や内容は問わないか。

A16 緊急時支援費（Ⅱ）については，電話により直接本人又は家族等に対して緊急的な支援が必要な相談対応を行った場合に限ることとし，予定確認等の電話連絡は算定の対象とはなりません。また，原則，メールによる対応については対象としません。なお，深夜に電話による相談対応を行った場合であっても，その後利用者の居宅等へ出向いて支援を行った場合は，当該日については緊急時支援費（Ⅰ）のみを算定することとなり，緊急時支援費（Ⅱ）との併給はできません。

●自立生活援助について

Q17 ［支援が見込めない状況とは］「家族等と同居している場合であっても当該家族等が障害，疾病等のため，居宅における自立した日常生活を営む上での各般の問題に対する支援が見込めない状況にある者」も利用対象となるが，「支援が見込めない状況」とは具体的にどのような状況が想定されるのか。

A17 例えば，
- ●同居している家族が，障害のため介護や移動支援が必要である等，障害福祉サービスを利用して生活を営んでいる場合
- ●同居している家族が，疾病のため入院を繰り返したり，自宅での療養が必要な場合
- ●同居している家族が，高齢のため寝たきりの状態である等，介護サービスを利用して生活を営んでいる場合
- ●その他，同居している家族の状況等を踏まえ，利用者への支援を行うことが困難であると認められる場合

などが想定されます。

Q18
[支援の内容]「情報の提供や助言,相談等の必要な援助」とは,どのような支援なのか。家事支援等も含まれるのか。

A18
自立生活援助は,障害者の理解力や生活力等を補う観点から,居宅で生活する障害者が地域生活を継続する上で必要な情報の提供,助言並びに相談等の支援及び関係機関や地域住民との連絡調整等を行うものです。家事支援等については,他の障害福祉サービスによって行われるべきもので,自立生活援助には含まれません。

Q19
[兼務の取扱い①] 自立生活援助事業所の従業者(地域生活支援員,サービス管理責任者)について,兼務の取扱いはどうなるのか。

A19
自立生活援助事業所の従業者は,原則として専従となりますが,利用者に対するサービス提供に支障がない場合は,従業者が当該自立生活援助事業所の管理者や他の事業所又は施設等の職務に従事することができます。ただし,兼務先の基準を満たすことも必要となるため,双方から兼務に支障がないかを判断する必要があります。また,兼務先の職務が常勤換算方法による配置を要件とする場合は,当該職員の自立生活援助事業所における勤務時間を,兼務する職務の常勤換算に含めることはできません。なお,サービス管理責任者は,自立生活援助計画を作成し客観的な評価等を担う者であるため,業務の客観性を担保する観点から,地域生活支援員との兼務は認められません。

Q20
[兼務の取扱い②] 自立生活援助事業所の従業者が,相談支援事業所の相談支援専門員を兼務することは可能なのか。可能な場合,特定事業所加算の「常勤・専従」の要件はどうなるのか。

A20
自立生活援助事業所の従業者が,相談支援事業所の従業者の職務を兼務する場合は,業務に支障がない場合として認めることとしています。また,相談支援事業所の特定事業所加算は,相談支援専門員が常勤・専従であること等が要件となっていますが,相談支援事業所に併設する自立生活援助事業所については,兼務しても差し支えありません。

Q21
[定期的な居宅訪問] 定期的な居宅訪問については,月に2回以上利用者の居宅を訪問すればよいか。

A21
指定自立生活援助は,利用者の日常生活における課題を把握し,必要な支援を行う必要があることから,支援計画に基づきおおむね週1回以上,当該利用者の居宅を訪問することとしています。なお,月途中から利用を

開始する場合やサービス終了に向けて訪問頻度を調整する場合等を考慮し，基本報酬の算定においては，定期的な訪問による支援を月2回以上行うことを要件としていますが，安易に訪問回数を減らすことがないよう留意が必要です。

Q22
[同行支援加算］同行支援加算は，居宅への訪問と同日に外出を伴う支援を行った場合でも算定できるか。また，同行支援加算の算定対象となる外出を伴う支援とは，具体的にどのようなものか。

A22
同行支援加算の算定日に，定期的な訪問による支援や随時の訪問による支援を行うことは差し支えありません。なお，同行支援加算の算定対象となる外出を伴う支援は，あくまで障害者の理解力や生活力等を補う観点から，利用者が地域で自立した生活を継続していくために必要な情報提供や助言等の支援を行うものであり，外出のための直接的な介助や余暇活動への付き添い等については，算定の要件を満たす支援とはなりません。

Q23
[福祉専門職員配置等加算］地域生活支援員が，同一法人の他の事業所の業務を兼務し，勤務した時間数の合計が常勤の時間数に達している場合，福祉専門職員配置等加算はどのように算定するのか。

A23
複数事業所を兼務する常勤の直接処遇職員については，1週間の勤務時間の2分の1を超えて当該事業所の直接処遇職員として従事する場合に，常勤の直接処遇職員（1人）として評価してください。

VI
書式例

- ●地域移行支援計画
- ●自立生活援助計画
- ●クライシスプラン

|書式例|地域移行支援計画

●地域移行支援計画の書式は事業所ごとに定めるもので差し支えありませんが，利用者およびその家族の生活に対する意向，総合的な支援の方針，生活全般の質を向上させるための課題，地域移行支援の目標およびその達成時期，地域移行支援を提供する上での留意事項等を記載した書面でなければなりません。

●また，地域移行支援計画の作成に当たっては，利用者との面接により，その心身の状況，その置かれている環境および日常生活全般の状況等の評価を通じて利用者の希望する生活や課題等の把握（アセスメント）を行い，利用者が地域において自立した日常生活または社会生活を営むことができるように支援する上での適切な支援内容の検討をしなければなりません。

◉根拠法令
- 障害者の日常生活及び社会生活を総合的に支援するための法律に基づく指定地域相談支援の事業の人員及び運営に関する基準（平成24年3月13日厚生労働省令第27号）
- 障害者の日常生活及び社会生活を総合的に支援するための法律に基づく指定地域相談支援の事業の人員及び運営に関する基準について（平成24年3月30日障発0330第21号厚生労働省社会・援護局障害保健福祉部長通知）

地域移行支援計画｜例1

地域移行支援計画

氏名		相談支援事業所名		担当者	
受給者証番号		計画作成日		利用者同意署名欄	

利用者およびその家族の生活に対する意向（希望する生活）	
総合的な支援の方針	

生活全般の質を向上させるための課題（地域移行支援上のポイント）

支援目標と支援内容

No.	支援目標	支援内容	頻度	達成時期	留意事項
1					
2					
3					

スケジュールの目安

No.	1か月目 年 月	2か月目 年 月	3か月目 年 月	4か月目 年 月	5か月目 年 月	6か月目 年 月	継続見込
1							
2							
3							

作成｜相談支援センターくらふと（東京都）

地域移行支援計画｜例2

地域移行支援計画

これから先6か月の計画です。自分のペースで取り組みます。今の時点の計画です。
毎月相談をして，必要な時は見直しをしましょう。

利用者氏名＿＿＿＿＿＿＿＿さん　　　　　　　　　作成年月日＿＿＿＿＿＿

サービス等利用計画の援助の方針	
（1）長期目標（内容及び期間等）	
（2）短期目標（内容及び期間等）	

＿＿＿＿さん自身がすることを矢印の中に書き込みます。

＿＿さんの期待や不安	そのために協力する人	協力する内容	支援上の留意事項等	協力（支援）の目安					
				月	月	月	月	月	月

同意日 ＿年＿月＿日	利用者名 ＿＿＿＿＿＿＿印	指定一般相談支援事業所 ＿＿＿＿＿＿印 相談支援専門員（地域移行支援担当者）＿＿＿＿＿＿印

作成｜一般社団法人 支援の三角点設置研究会（一部改編）

|書式例| 自立生活援助計画

●自立生活援助計画の書式は事業所ごとに定めるもので差し支えありませんが，利用者およびその家族の生活に対する意向，総合的な支援の方針，生活全般の質を向上させるための課題，自立生活援助の目標およびその達成時期，自立生活援助を提供する上での留意事項等を記載した書面でなければなりません。

●また，自立生活援助計画の作成に当たっては，利用者との面接により，その心身の状況，その置かれている環境および日常生活全般の状況などの評価を通じて利用者の希望する生活や課題などの把握（アセスメント）を行い，利用者が地域において自立した日常生活または社会生活を営むことができるように支援する上での適切な支援内容の検討をしなければなりません。

◉根拠法令
- 障害者の日常生活及び社会生活を総合的に支援するための法律に基づく指定障害福祉サービスの事業等の人員及び運営に関する基準等の一部を改正する省令（平成30年1月18日厚生労働省令第2号）
- 障害者の日常生活及び社会生活を総合的に支援するための法律に基づく指定障害福祉サービスの事業等の人員及び運営に関する基準について（平成18年12月6日障発第1206001号厚生労働省社会・援護局障害保健福祉部長通知）の一部改正について（平成30年3月30日障発0330第4号厚生労働省社会・援護局障害保健福祉部長通知）

自立生活援助計画｜例1

自立生活援助計画（ロードマップ型）

| 利用者氏名 | | 計画作成日 | | サービス管理責任者 | |

【私の目標】

優先順位	ニーズ	本人	支援者	達成時期	内容・スケジュール ___年__月	__月	__月	__月	__月	__月	備考
1											
2											
3											
4											

利用者同意署名欄｜　　　　　印

作成｜相談支援センターあらかわ（東京都）

自立生活援助計画｜例2

自立生活援助計画（パーソナルリカバリープラン型）
1週間ごとにステップを積み上げていきますが、3か月ごとに全体の見直しを行います。

| 利用者氏名 | さん　作成日 | | 作成担当者 | |

私（利用者）の目標（新しい生き方の再発見の各領域を達成するのに意味があり，重要な目標）

なぜ，その目標が私（利用者）にとって重要ですか

今日，何をしますか【達成するために，測ることのできる短期間（今日とは限らない短期間）のステップ】	誰が責任を負いますか（実行する人）	いつ達成しますか（達成期日）	実際の達成日	コメント

| 上記の目標リストは私の新しい生き方の再発見の各部分の達成に重要です。 | この人にとって上記の目標は重要であることを認めます。いつでも私は喜んでこの目標に向かってこの人が進むことを手伝います。 |
| 本人サイン | サービス管理責任者サイン |

作成｜相談支援センターあらかわ（東京都）

自立生活援助計画｜例3

自立生活援助計画

氏名		自立生活援助事業所名		サービス管理責任者	
受給者証番号		計画作成日		利用者同意署名欄	

利用者およびその家族の 生活に対する意向（希望する生活）	
総合的な支援の方針	

生活全般の質を向上させるための課題（自立生活援助のポイント）

支援目標と支援内容

No.	支援目標	支援内容	頻度	達成時期	留意事項
1					
2					
3					

スケジュールの目安

No.	1か月目 年　　月	2か月目 年　　月	3か月目 年　　月	4か月目 年　　月	5か月目 年　　月	6か月目 年　　月	継続見込
1							
2							
3							

作成｜相談支援センターくらふと（東京都）

|書式例| クライシスプラン

●利用者ご本人を含む支援チームでクライシスプランを作成し，ご本人とその方を支援する各関係者らと共有します。ご本人含むチーム全体の安心感につながるだけでなく，緊急時に具体的な対応を図ることができるようになり，地域生活への定着をより促すことができます。

危険かな（ピンチかな）と思ったときに（クライシスプラン）	
利用者氏名｜　　　　　　さん　　　　作成年月日｜	
私の調子が悪くなる前は（サインは）	
サインかなと思ったら……	
私のすること	
周りの人にしてほしいこと	
周りの人にしてほしくないこと	

同意日　　主担当｜　　　　　　　　連絡先｜
　　　　　主治医｜　　　　　　　　連絡先｜
　　　　　行政　｜　　　　　　　　連絡先｜
年　月　日　その他｜　　　　　　　連絡先｜

作成｜一般社団法人 支援の三角点設置研究会

あとがき

●「はじめに」で 2013 年に開催された厚生労働省の「障害者の地域生活支援の推進に関する検討会」の話を書いた。新サービス「自立生活援助」に連なる発言をした会議である。しかし，この発言に行きつくまでには紆余曲折があり，ある日職場で「この会議はアウェー感満載なんだ」と弱音を吐いた。するとその声を聞きつけたピアスタッフの関口真一さんが，「岩上さんも大変ですね。でも，僕たち障害者のために『希望の苗』を植えてきてくださいね」とはっきり言った。ハッとした。彼もまた，長期入院の経験をしていた。「関口しいち」という歌人でもあった彼は，昨秋，病気で亡くなった。そして，こんな歌を遺してくれた。

　　　　　小さくもいいことがあり夕暮れに　ランランランと遮断機の音

●私たちは，「自分らしく」とか「希望をもって生きること」を大切に思って支援している。実際には「小さないいこと」を「それいいですね」とか「よかったですね」と言って，私たちも喜んでいる。「自分のうちの風呂は気持ちがいい」「友だちとすき焼きを食べたんだよ」「仕事でほめられちゃって」「訪問してくれたおかげで，家の空気の色が変わったんですよ」という声を聴いて一緒に喜んでいる。もちろん同じぐらい，一緒に悩み，一緒に悔しい思いもしている。
●私たちの支援の本質は，ストレングスモデルにもあるように，このような日常生活で紡がれるご本人との関係性や「かかわり」のなかにある。
●本書をお読みいただき，この「かかわり」を中核とした「地域移行支援」「地域定着支援」そして「自立生活援助」にぜひ取り組みたいと思っていただけたのではないだろうか。
私たちは，「ちょっとしたいいこと」があったときに，「ランランランだね」と一緒に喜びあえる社会をつくっていきたい。

●本書執筆にあたり，厚生労働省障害福祉課地域生活支援推進室から多くの貴重なご助言をいただいた。この場を借りて心よりお礼を申し上げたい。
●おわりに，私は，数年前に編集者の高島徹也さんと出会った。いつか本をつくる機会があれば，このような謙虚で誠実な人に制作してもらいたいと思っていた。今回このような機会をいただき，さらにたいへんなご苦労もおかけすることになってしまった。上梓にあたり，金剛出版並びに高島徹也さんに深く感謝したい。

　　　　　　　　　　　　　　　　　　　　　　　　　　　　　　　　　2018 年 9 月
　　　　　　　　　　　　　　　　　　　　　　　　一般社団法人 全国地域で暮らそうネットワーク
　　　　　　　　　　　　　　　　　　　　　　　　　　　　　　　　代表理事　岩上 洋一

［著者代表］

岩上 洋一（いわがみ・よういち）

一般社団法人 全国地域で暮らそうネットワーク代表理事
上智大学文学部社会福祉学科卒業，大正大学大学院文学研究科博士前期課程社会福祉学専攻修了（修士）。埼玉県職員，社会福祉法人施設長を経て，2009年から特定非営利活動法人じりつ代表理事として，埼玉県南埼玉郡宮代町を拠点に障害福祉サービス事業を経営。内閣府障害者政策委員会委員，厚生労働省精神障害にも対応した地域包括ケアシステムの構築支援事業広域アドバイザー委員長／サービス管理責任者等指導者養成研修リーダー講師，日本相談支援専門員協会理事，等。

一般社団法人 全国地域で暮らそうネットワーク｜精神障害者の地域移行にむけた社会的課題を解決すること，そして，未来の創造のもと，希望する地域で自分らしく生活することができる持続可能な社会づくりに寄与することを目的に創設。

［著者（50音順）］

東 美奈子（あずま・みなこ）株式会社 RETICE

有野 哲章（ありの・のりあき）社会福祉法人蒼渓会

飯山 和弘（いいやま・かずひろ）埼葛北障がい者地域活動支援センターふれんだむ

岡部 正文（おかべ・まさふみ）一般社団法人ソラティオ

金川 洋輔（かながわ・ようすけ）地域生活支援センターサポートセンターきぬた

小船 伊純（こぶね・いずみ）白岡市役所

島田 知子（しまだ・ともこ）長岡地域振興局健康福祉環境部児童・障害者相談センター

徳山 勝（とくやま・まさる）半田市社会福祉協議会半田市障がい者相談支援センター

名雪 和美（なゆき・かずみ）地方独立行政法人総合病院国保旭中央病院

廣江 仁（ひろえ・じん）社会福祉法人養和会

望月 明広（もちづき・あきひろ）横浜市総合保健医療センター

吉澤 久美子（よしざわ・くみこ）埼葛北地区基幹相談支援センタートロンコ

吉澤 浩一（よしざわ・こういち）相談支援センターくらふと

地域で暮らそう！
精神障害者の地域移行支援・地域定着支援・自立生活援助導入ガイド

2018年 9月20日　初版発行
2022年10月10日　第3刷発行

著　者　岩上洋一＋一般社団法人 全国地域で暮らそうネットワーク
発行者　立石正信
発行所　株式会社 金剛出版
〒112-0005 東京都文京区水道1丁目5番16号升本ビル二階
電話　03-3815-6661／振替　00120-6-34848
印刷・製本　株式会社 太平印刷社　装釘　臼井新太郎

ISBN 978-4-7724-1653-5　C3036　　　　　　　　　　　　　　©2018 Printed in Japan

Ψ金剛出版 〒112-0005 東京都文京区水道1-5-16　Tel. 03-3815-6661　Fax. 03-3818-6848
e-mail eigyo@kongoshuppan.co.jp　URL http://kongoshuppan.co.jp/

病棟に頼らない地域精神医療論
精神障害者の生きる力をサポートする
［監修］伊藤順一郎　［編］小林茂　佐藤さやか

浦河赤十字病院から浦河ひがし町診療所に舞台を移した川村敏明と，メンタルヘルス診療所しっぽふぁーれにおいて訪問医療を志向する伊藤順一郎による2つの対話。生活・仲間・就労のサポート，障害とともにある家族のケア，多様化するサービス。浦河をはじめとする地域の現状のレポート，そしてスタッフや市民との関係構築——「住む＝生きる」のケア，「家族＝環境」のサポート，「ケア＝サービス」の充実，「地域」の創生，そして「人材」の育成という5つの領域にフォーカスし，人々によるグラスルーツの実践と経験から，地域精神医療が目指すべきルートを探る。　　　　定価3,960円

地域における多機能型精神科診療所実践マニュアル
乳幼児から成人までの地域包括ケアシステムを目指して
［編著］大嶋正浩

患者が発症するまでには長い経過があり，発症後，その人の人生にできるだけ寄り添うことを第一に考えながら，医療，福祉，地域，行政，すべての面で支援を構築した結果としてできあがった多機能型診療所の一例を紹介する。病院内部の各部門ごとの解説も付し，現場で「困った！」ときにすぐに使えるヒントが満載の一冊である。　　　　定価3,520円

ストレングスモデル［第3版］
リカバリー志向の精神保健福祉サービス
［著］チャールズ・A・ラップ　リチャード・J・ゴスチャ　［監訳］田中英樹

リカバリーの旅に同行する精神保健福祉サービス提供者の条件とは。心から望む意義ある重要な目標は，可能性に開かれた資源を通して達成されることでエンパワメントをもたらす。精神保健福祉システムを超えて展開するクライエントのリカバリーの旅は，ストレングスの宝庫である個人と地域を的確にアセスメントする実践者を得ることでより充実したものとなる。もはや古典ともいえる本書は，クライエントの希望と選択に導かれ，リカバリー志向の関係性を基盤とし，創造力を源泉とした精神障害者支援の今日的方向性を指し示している。　　　　定価5,060円

価格は10％税込です。